누구나 쉽게 따라 할 수 있는

블렌디드 수업

누구나 쉽게 따라 할 수 있는
블렌디드 수업

초판 1쇄 인쇄 2021년 5월 14일
초판 1쇄 발행 2021년 5월 21일

지은이 박재찬·김은별·박지원·최고은·최미소

발행인 장상진
발행처 (주)경향비피
등록번호 제2012-000228호
등록일자 2012년 7월 2일

주소 서울시 영등포구 양평동 2가 37-1번지 동아프라임밸리 507-508호
전화 1644-5613 | **팩스** 02) 304-5613

ⓒ박재찬·김은별·박지원·최고은·최미소

ISBN 978-89-6952-458-4 03370

BLENDED
LEARNING

누구나 쉽게 따라 할 수 있는
블렌디드 수업

박재찬 | 김은별 | 박지원 | 최고은 | 최미소 지음

경향BP

대세는 짜파구리다

블렌디드 수업은 짜파게티와 너구리를 섞어 조리한 '짜파구리'와 비슷합니다. 달콤 짭짤한 짜파게티와 매콤한 너구리는 언뜻 보면 서로 어울리지 않을 것처럼 느껴지지만 짜파구리를 먹어 본 사람들이 이렇게 말합니다.

"서로 어울리지 않을 것 같은 두 라면이 섞여 매콤 달콤 짭짤한 최상의 맛을 낸다."

블렌디드 수업도 마찬가지입니다. 그동안 온라인 수업과 오프라인 수업은 서로 반대편에 있는 것으로 여겨졌습니다. 서로 어울리지 않을 것 같았죠. 한쪽에서는 온라인 수업으로 깊이 있는 내용을 배우는 것은 어렵다고 말했습니다. 다른 한쪽에서는 언제까지 오프라인 방식만 고집할 수 없다며 이제는 온라인이라는 대세를 받아들여야 한다고 주장

했고요. 하지만 '블렌디드 수업'을 직접 경험해 본 교육자들은 이렇게 말합니다.

"온라인과 오프라인 수업, 이 2가지가 섞여 효과적인 학습을 만들어 준다."

누구나 블렌디드로 배우고 있다

어떻게 하면 맛있는 짜파구리를 만들 수 있을까요? 먼저, 이 책을 읽는 독자가 짜파구리를 만든다면 가장 먼저 무엇을 하겠습니까? 아마 대부분 '짜파구리 레시피'나 '짜파구리 맛있게 끓이는 법'이라는 키워드로 인터넷에서 레시피를 검색해 볼 겁니다. 여러 블로거나 유튜버가 친절하게 설명해 주는 내용을 보고서는 '아, 이렇게 끓이면 되겠네.'라고 생각하겠죠.

이런 식으로 검색을 하는 장소나 시간은 사람들마다 제각각일 겁니다. 각자가 처한 상황이나 환경이 다를 테니까요. 수요일 오후에 혼자 자취방에 누워서 보는 A, 분위기 좋은 펜션에서 친구들과 토요일 자정에 보는 B, 일요일 오전에 가족들과 캠핑장에서 보는 C처럼 말입니다.

영상을 충분히 보고 나면 마트에서 짜파게티와 너구리를 사 와서 직접 끓이겠죠? 읽거나 보는 걸로 끝나는 게 아니라 내가 직접 해 보는 것이 바로 진정한 학습(學習)입니다. 배운 내용(學)을 익히는 것(習)!

물론 최상의 맛을 내는 짜파구리가 한 번에 만들어지면 좋겠지만 비율을 잘못 맞춰서 다시 만들어야 할 수도 있습니다. 그러면 영상을 다시 보고 처음부터 만들게 되겠죠. '어떤 게 잘못되어서 내가 생각했던 그 맛이 안 나는 걸까?'라고 혼자 골똘히 생각해 보며 말입니다.

학교 밖에 있는 사람들은 누구나 필요한 것을 이런 식으로 배우고 있습니다.

지금으로부터 무려 20년 전인 2001년, 저명한 미래학자인 엘빈 토플러Alvin Toffler는 타임머신을 타고 미래를 다녀 온 것처럼 다음과 같은 이야기를 했습니다.

> 21세기 한국의 교육 시스템은 어느 곳, 어느 장소에서나 혁신적이고 독립적으로 생각할 수 있는 능력을 배양함을 통해 그러한 환경에 적응하고 살아갈 수 있도록 학생들을 준비시킬 필요가 있다.[1]

21세기를 살아가는 학생들은 짜파구리 끓이는 법을 검색해 보던 A, B, C처럼 자신이 배우고 싶은 장소, 배우고 싶은 시간, 배우고 싶은 순서에 맞춰 나만의 속도로 짜파구리 끓이는 법을 학습해 가야 합니다. 교사를 비롯한 교육자들은 학생들이 주체적으로 자신의 학습을 조절해 갈 수 있는 환경을 만들어 주어야 하고요.

블렌디드 수업은 결코 거창한 게 아닙니다. 학생들이 어느 때, 어느 장소에서나 배울 수 있도록 지원해 주고 효과적으로 배울 수 있는 방법

---

1 Toffler, A. (2001). 위기를 넘어서: 21세기 한국의 비전. 정보통신정책연구원 연구보고서. p.81.

을 함께 생각해 가는 것, 이게 바로 블렌디드 수업의 핵심입니다.

이 책에는 블렌디드 수업에 대한 시행착오의 과정이 담겨 있습니다. 그 내용들을 블렌디드 수업 기초 다지기, 블렌디드 수업을 위해 필요한 온라인 학급 만들기, 블렌디드 수업 도구 마스터하기, 블렌디드 수업 고민 해결하기의 4개 파트로 나누어 구분했습니다.

이 책에는 "어떻게 하면 블렌디드 수업을 잘할 수 있을까?"라는 질문에 대한 답을 찾기 위해 나름대로 고군분투해 온 과정을 상세하게 정리했습니다. 하지만 저자들도 첫 발을 내딛는 것이다 보니 부족한 점이 많을 것입니다. 이 분야의 대가들을 통해 학문적으로 검증받은 학술 자료나 수년간의 블렌디드 수업 경험을 집대성한 대작이 아니라는 점을 이해해 주기 바랍니다. 조금 먼저 해 본 사람들의 후일담 정도로 생각해 주세요.

자, 지금부터 블렌디드 수업에 대한 이야기를 시작해 보겠습니다.

저자 대표

박재찬 (달리샘)

차 례

들어가며 4

블렌디드 수업 도구 마스터하기

 블렌디드 수업 고민 해결하기

**BLENDED
LEARNING**

PART 1
블렌디드 수업 기초 다지기

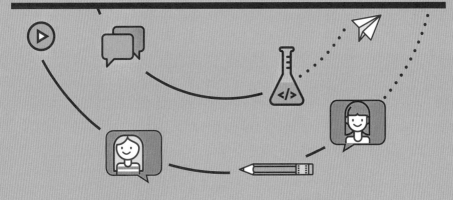

블렌디드 수업이
뭐냐고요?

협동학습, STEAM 수업, 하브루타, 한 학기 한 권 읽기, 메이커 교육, 디자인 싱킹…. 그동안 교육계에서 자주 거론되었던 학습 방법이나 수업 철학과 관련된 단어들입니다. 이런 단어들이 언급되면 "또 새로운 게 나왔어?"라고 생각하는 선생님이 많습니다.

그동안 들어보지 못한 단어이기 때문에 처음 듣는 사람들로서는 '새로운 것'으로 느껴지는 게 당연합니다. 블렌디드 수업이라는 단어를 처음 들었을 때도 비슷하게 생각했습니다. "미국에서 만들어진 또 다른 교수법인가 보구나."라고요. 이런 감정도 느꼈습니다. "그럼 또 다른 걸 공부해야 하는 건가?" 뭐 하나 제대로 하고 있는 게 없는데 새로운 것을 더 얹어 공부해야 한다는 부담감과 답답함이 먼저 다가왔습니다.

그런데 블렌디드 수업에 대한 문헌들을 찾아보며 알게 된 사실은 새로운 게 아니라는 것입니다. 그러니 일단 걱정을 내려놓아도 괜찮습니다. '협동학습도 하고, STEAM 수업도 하고, 하브루타도 하고, 메이커 교육도 하고, 블렌디드 수업도 하고…'처럼 추가되는 개념이 아니라는 말입니다. 블렌디드 수업을 조금만 들여다보면 선생님들이 이미 알고 있고, 하고 있는 것이라는 사실을 알 수 있을 겁니다.

블렌디드 러닝? 새로 생긴 말일까?

생소할 수 있는 블렌디드 러닝이라는 단어가 우리 눈에 자주 들어오게 된 것은 코로나19가 한창 유행하던 때였습니다. 그래서 많은 사람이 '블렌디드 러닝이라는 게 코로나19에 맞는 새로운 교육 방식인가?'라고 생각했습니다.

그런데 블렌디드 러닝이라는 개념은 예전부터 존재하던 것입니다. 특히 우리나라에는 거꾸로 교실의 유행과 더불어 미래교실네트워크 주도로 기획된 『블렌디드』라는 책이 2017년에 번역되어 나오기도 했습니다. 이 책은 마이클 혼Michael B. Horn과 헤더 스테이커Heather Staker라는 연구자가 2014년에 출간한 『Blended: Using disruptive innovation to improve schools』라는 책의 번역본입니다. 이 책의 참고문헌으로 사용된 블렌디드 러닝에 관련된 문헌들은 2012년 이전에 작성된 것이 많습니다. 학술연구정보서비스RISS에서 찾아보면 2004년에 작성된 블렌디드 러닝 사례 연구에 대한 논문도 있습니다.

이를 통해 블렌디드 러닝이라는 개념은 코로나19와는 직접적인 연관성을 가지지 않는다는 것을 알 수 있습니다. 다시 말해, 블렌디드 러닝은 코로나로 인한 팬데믹pandemic(세계적으로 감염병이 유행하는 상태) 상황과 무관한 개념입니다. 블렌디드 러닝을 '아이들이 학교에 나오지 못할 때만 임시적으로 사용하는 방법'이라고 생각했다면 관점을 바꿀 필요가 있습니다. 팬데믹 상황 이후에도 이 방법을 꾸준히 사용하게 될 가능성이 매우 높으니까요.

그렇다면 블렌디드 러닝이란 무엇을 말하는 것일까요? 영어 blend의 사전적 의미는 '혼합하다'입니다. 있는 그대로를 번역하자면 '혼합학습'이 되죠. 무엇과 무엇을 섞는지는 모르겠지만 'A와 B를 뒤섞어 한데 합한 것'이 블렌디드 러닝의 일반적인 의미입니다. 그렇다면 구체적으로 어떤 것들을 합한 것일까요?

온라인 수업과 오프라인 수업을 통합한 것을 블렌디드 러닝으로 보는 견해[2]가 많습니다. 말 그대로 온·오프라인이라는 물리적 학습 환경을 혼합한 것이죠.

블렌디드 러닝 : 온라인 학습과 오프라인 학습을 혼합한 것

하지만 이보다 조금 더 넓게 블렌디드 러닝의 개념을 정의하는 경우도 있습니다. 예를 들어 에듀니티 출판사에서 번역된 『블렌디드』에서

---

2 홍효정. (2016). 블렌디드 러닝을 위한 대학 교수자의 역량 도출 및 진단도구 개발. 숙명여자대학교 교육학과 박사학위논문.

는 블렌디드 러닝을 다음과 같이 이야기합니다. [3]

학생이 시간, 장소, 순서 그리고 속도를 조절하는 등 온라인 학습으로 일정 부분을 학습하는 동시에 집이 아닌 물리적 장소에서 일정 부분 관리를 받으며 학습하는 공교육 프로그램

온라인 학습과 오프라인 학습을 혼합한 것만을 보는 입장보다 조금 더 넓게 보고 있죠? 사실 연구자들 중에는 이렇게 넓은 의미로 블렌디드 러닝을 바라보는 사람이 많습니다. 그중 대표적인 사람이 마거릿 드리스콜Margaret Driscoll이라는 연구자입니다. 그녀가 2002년 IBM에서 일할 당시에 썼던 블렌디드 러닝에 대한 글이 블렌디드 러닝을 주제로 하는 수많은 학술지와 논문에서 인용되고 있습니다.

『Blended learning: Let's get beyond the hype』라는 글에서 그녀는 블렌디드 러닝에 대해 다음과 같이 설명합니다. [4]

1. 교육적 목표 달성을 위해 웹 기반 기술 모델(온라인 수업, 개별화수업, 협력 학습, 비디오-오디오 스트리밍)들을 혼합한 것
2. 최선의 교육 효과를 내기 위해 다양한 교육학적인 방법(구성주의, 행동주의, 인지주의)들을 혼합한 것
3. 다양한 교육용 기술들(비디오, CD, 영화)을 대면수업과 혼합한 것

---

3 마이클 혼, 헤더 스테이커. (2017). 블렌디드. 에듀니티. p.87.
4 Driscoll, M. (2002). Blended learning: Let's get beyond the hype. E-Learning, 1(4).

이제 블렌디드 러닝이 어떤 것인지 감이 오나요? 일반적으로 사용되는 의미로 이해해도 좋고, 마이클 혼과 헤더 스테이커가 말한 대로 이해해도 좋습니다. 또는 마거릿 드리스콜처럼 보다 폭넓게 블렌디드 러닝을 이해해도 좋고요.

이 책에서 말하는 블렌디드 수업이란?

이 책을 읽어 가기 위해서는 블렌디드 러닝의 개념에 대해 작은 약속을 할 필요가 있습니다. A라는 개념으로 생각하고 있는데 갑자기 B나 C를 이야기하면 놀랄 수 있으니까요. 이 책에서는 보다 친숙하게 다가가기 위해서 '블렌디드 러닝'이라는 단어 대신 '블렌디드 수업'이라는 단어를 썼습니다. 다음과 같은 의미로 '블렌디드 수업'이라는 단어를 사용하려고 합니다.

◆ 블렌디드 수업 ◆
전통적인 오프라인 수업에 온라인 학습을 추가하거나 다양한 기술, 매체, 교육학적 방법들을 혼합한 수업

블렌디드 러닝을 조금 더 넓은 의미에서 바라보는 관점입니다. 이 책에서 소개하는 방법이나 수업 사례들에는 온·오프라인 수업이 결합되지 않은 것도 있을 수 있습니다. 그런 내용들을 만났을 때 '이게 왜 블

렌디드 수업이야? 온라인으로만 한 건데? 오프라인으로만 한 건데?'라는 오해는 살포시 접어 넣어 주세요. 앞으로 말하게 될 블렌디드 수업은 '혼합'에 포인트가 있으니까요.

자, 다음 장으로 넘어가기 전에 이 책의 독자가 정의 내리는 블렌디드 수업은 어떤 것인지 한 번 써 볼까요?

◆ 내가 생각하는 블렌디드 수업이란? ◆

온라인 수업은
임시방편이 아니다

　어떤 일이든 동기가 중요합니다. 동기란 '어떠한 행동을 일으키는 이유'를 일컫는 말이죠. 이 책을 읽는 독자가 블렌디드 수업에 관심을 갖게 된 동기는 무엇인가요? 블렌디드 수업이라는 방식이 학생들의 학습에 효과적일 것 같아서 시작하게 되었나요? 아니면 학생들이 등교할 수 없게 되자 차선책으로 선택하게 된 방법인가요?

　아마 대부분의 독자는 두 번째 이유에 해당할 것입니다. 아이들이 등교하는 오프라인 수업을 할 수 없게 되니 이에 대한 대안으로 온라인 수업을 선택하게 된 거죠. 그러다가 다시 등교할 수 있게 되니 오프라인 수업으로 전환하고, 다시 등교할 수 없게 되면 온라인 수업으로 바꾸고….

　교육 현장에서 선생님들은 이런 과정에서 블렌디드 수업을 접하게 되었습니다. 그러다 보니 머릿속에 블렌디드 수업에 대해 다음과 같은 개념이 자리 잡게 되었습니다.

"우리 학년은 지금 온라인 수업과 오프라인 수업을 반복해서 하고 있으니 블렌디드 수업을 하고 있는 거네?"

"시간이 흘러 아이들이 모두 등교할 수 있게 되면 블렌디드 수업은 없어지겠지?"

저도 처음에는 비슷한 생각을 했습니다. 하지만 블렌디드 수업은 일시적인 유행이 아닙니다. 학생들이 등교하지 못해 발생하는 학습 결손을 가리려는 허울 좋은 포장은 더더욱 아니고요. 블렌디드 수업은 앞으로도 계속 이어져야 할 하나의 학습 패러다임입니다.

온라인 수업은 손님이 아니다

아이들이 없는 텅 빈 교실에 앉아 있을 때 문득 이런 생각이 들었습니다. '지금으로부터 10년이 지나면 그때도 블렌디드 수업이라는 게 남아 있을까?', '2020년, 2021년의 해프닝으로 회자되는 건 아닐까?', '지금 선배들이 열린 교육을 말하는 것처럼 나도 후배들에게 블렌디드 수업에 대한 회고담을 늘어놓게 되는 건 아닐까?'

많은 사람이 코로나로 인한 팬데믹을 재앙이라고 말합니다. 교사로서 저도 기꺼이 동의합니다. 교실 속에서 아이들과 마주 보며 간식을 먹거나 몸을 부대끼며 수업하는 건 이제는 어려운 일이 되어 버렸으니까요. 하지만 깜깜한 어둠이 있어야 반짝이는 빛을 볼 수 있는 법입니다. 그런 점에서 팬데믹으로 인해 블렌디드 수업에 대한 관심이 높아지고 블렌디드 수업 문화가 확산된 것은 한 줄기 빛이라고 생각합니다. 교육 패러다임을 바꿀 수 있는 기회가 된 것이죠.

그렇다면 이 기회를 어떻게 이용하는 게 좋을까요? 한 가지만 명심하면 됩니다. 이것만 머릿속에 잘 넣어 놓는다면 팬데믹 상황이 끝나더라도 블렌디드 수업에 대한 관심의 끈을 놓지 않을 수 있습니다.

"온라인 수업은 오프라인 수업의 임시방편이 아니다."

오프라인 수업을 할 수 없기 때문에 불가피하게 온라인 수업을 한다고 생각한다면 블렌디드 수업이 지향하는 교육적 효과를 제대로 누릴 수 없습니다. 블렌디드 수업은 오프라인 수업이 채워 주지 못하는 부분을 온라인 수업이 채워 주는 것이라고 생각해 주세요. 시간과 공간에 따른 제약 없이 배울 수 있다는 것, 학생들의 입장에서 나만의 학습 속도와 수준에 따라 배워 갈 수 있다는 점, 이 2가지는 전통적인 오프라인 수업에서 만족시켜 주기 어려운 부분이었죠? 이런 공백을 메워 줄 수 있는 해법이 온라인 수업입니다.

학습 효과를 높이기 위해 온라인 수업, 오프라인 수업을 적절하게 사용하는 것, 이게 바로 블렌디드 수업이 지향하는 바입니다. 그렇기 때문에 팬데믹 상황이 종결되더라도 온라인 수업과 오프라인 수업은 함께 가야 합니다. 온라인 수업은 오프라인 수업의 빈자리를 잠깐 채워 주는 손님이 아니라는 사실을 꼭 기억해 주세요.

정말 블렌디드 수업이
효과적일까?

코로나로 블렌디드 수업이 대두되기 전에 흔히 '블렌디드' 하면 '어떤 단어가 떠올랐나요? 저는 블렌디드 음료, 블렌디드 홍차, 블렌디드 위스키 등이 떠올랐습니다. 이러한 블렌디드 메뉴들이 나오게 된 이유는 단순합니다. 각각의 재료가 가진 향이라는 장점을 살리고, 쓴맛이라는 단점을 보완하기 위해서죠. 앞서 말한 블렌디드 메뉴의 목적은 각각의 장점을 살리고, 향과 맛의 조화로 더 좋은 결과를 만드는 것입니다.

블렌디드 수업도 마찬가지입니다. 온·오프라인 수업의 장점을 적절히 섞어 조화롭고 효과적인 수업을 만들죠. 서로 다른 것들이 만나 윈-윈win-win하여 시너지 효과를 냅니다. 그래서 블렌디드 수업을 하다 보면 동시에 혹은 상황별로 바꾸어 사용할 수 있는 맞춤형 무기가 늘어난 기분이 듭니다.

거꾸로 교실flipped classroom이라는 교수법은 많이 들어 보셨죠? 거꾸로 교실, 즉 플립 러닝flip learning도 효과적인 수업을 위해 고안된 블렌디드 수업 중 하나로 기존 수업 방식을 거꾸로 되돌린 것입니다. 학생들이 학습 내용을 집에서 온라인으로 공부하고 학교에서는 활동 중심의 수업을 하는 것이죠. '어떻게 하면 효과적으로 수업을 할 수 있을까?' 고민하던 선생님들이 대안으로 선택한 교수법이죠.

이와 같은 다양한 형태의 블렌디드 수업을 통해 아이들의 학업 성취도 및 역량 강화 측면에서의 효과를 높일 수 있습니다. 블렌디드 러닝에 관한 연구 종합 결과에 따르면 인지적 영역에서의 블렌디드 러닝 효과는 비교군보다 34.6% 높으며, 정의적 영역 또한 26.1% 높은 수치로 나타난다고 해요.[5] 학업 성취 면에서 인지적, 정의적 영역 모두 효과가 있다는 것이죠.

지금부터 매력 만점인 블렌디드 수업 효과를 5가지로 정리하여 살펴보겠습니다.[6]

---

[5] 권회림, 문은경, 박인우. (2015). 국내 블렌디드 러닝의 효과에 관한 메타분석. 교육정보미디어연구, 21(3).
[6] ACCELEROLE. (2018). 5 easy steps on how to implement blended learning in your company. https://accelerole.com/5-easy-steps-implement-blended-learning. (2021년 2월 8일 접속)

블렌디드 수업의 효과 5가지

자기 주도적 학습 능력을 키운다

"자기 주도적 학습은 수업teaching에서 학습learning으로 중심을 옮기려는 구성주의가 바탕이 된다."[7]고 합니다. 즉 학생이 주체가 되는 것이죠. 주체가 된다는 것은 스스로 선택하고 그에 따른 책임을 진다는 것입니다. 자기 주도적 학습 능력은 학생들이 앞으로 나아가야 할 세상에서 핵심 키가 되는 능력입니다.

블렌디드 수업은 이러한 자기 주도적 학습 능력을 높여 주는 데 효과적입니다. 블렌디드 수업 중 온라인 상황을 살펴보면 학생들은 학습에서 주도권과 선택권을 갖습니다. 학습의 시작과 끝을 선택하고, 반복 학습을 할지 말지를 결정하며, 자신의 수준에 맞는 콘텐츠를 선택하지요. 공부하다가 막히는 부분이 생기면 멈추고 다시 보거나, 중간에 검색을 통해 문제를 해결하기도 합니다. 그리고 선생님에게 도움을 요청하기도 하지요. 이처럼 블렌디드 수업에서 학생들은 스스로 질문을 던지고 학습을 주체적으로 이끌어 나가며, 자신에게 맞는 학습 방법과 환경을 스스로 결정합니다.

온라인 공간에서 지식과 관련된 부분을 학습한 다음 오프라인으로 만날 때는 소통 및 활동에 중심을 두어 학습을 해 나갈 수 있습니다. 물론 모든 학생이 자기 주도적인 학습을 처음부터 잘할 수 있는 것은 아

---

7 양연숙, 유평준. (2003). 적응적 웹 학습 자료가 초등학생의 자기 주도적 학습 능력 및 학습 만족도에 미치는 영향. 초등교육연구, 16(2).

닙니다. 온라인 학습에서 가장 우려되는 부분인 학습자의 불성실, 미참여 문제가 남아 있습니다. 이는 다양한 방법으로 학습 동기를 유발하고, 생활 태도 및 수업 내용에 관한 피드백을 학습자에게 맞는 방법과 수준으로 제시하여 자기 주도 학습이 습관이 되도록 교사가 도와주는 게 필요하죠. 아직 자기 주도적으로 온라인 학습하는 것이 익숙하지 않은 학생들은 실시간 쌍방향 수업과 오프라인 수업의 비중을 늘려 상시 피드백을 제공하는 것이 좋겠죠?

일단 아이들이 블렌디드 수업에 익숙해지고 습관이 만들어진다면, 학생들은 스스로 학습하는 선택의 기회를 얻는 동시에 책임감과 성취감을 얻게 됩니다. 무슨 일이든 하고 싶은 마음이 들어야 지속할 수 있는 법이죠. 블렌디드 수업에서도 마찬가지입니다. 스스로 알아 가는 기쁨, 성취감을 맛본 학생들은 자기 주도적 학습이 가능한 블렌디드 수업에 더욱 빠져들게 되지 않을까요?

실제로 학생들의 말을 빌리면 "내가 정한 대로 공부할 수 있어서 좋았다."라는 평이 많았습니다. 스스로 학습 계획을 세우고 자신의 상황과 수준에 맞게 학습을 해 나가는 것이 아이들에게는 그 자체로 학습 동기가 된 것이죠. 학생들은 자신의 결정이나 선택의 경험이 상대적으로 적을 수밖에 없는 오프라인 수업에서의 단점을 온라인으로 극복하고, 오프라인에서는 학생 중심의 많은 활동을 하며 온라인 수업의 단점을 극복해 갑니다. 이처럼 블렌디드 수업을 잘 활용하면 학생들은 자기 주도적인 학습 역량을 키워 갈 수 있습니다.

정보 활용 능력을 높인다

주식 투자가 붐인 요즘 가장 주목받는 주식 종목은 바로 '언택트' 주입니다. 팬데믹 상황에서 온라인으로 일하고, 물건을 구매하고, 소통하는 것이 일상이 되고 있죠. 온라인에서 가능한 것이 많아지고 온라인으로 많은 것이 이루어지는 세상, 우리는 '언택트'가 키워드인 세상에 살고 있습니다.

이전 시대와 달리 스마트폰을 사용하는 학생이 많이 늘어났으며, 이 사실을 우리는 자연스럽게 생각합니다. 이렇게 언태그가 자연스럽고, 정보가 넘치는 세상에서 학생들에게 꼭 필요한 정보의 기능 및 활용 능력을 길러 줄 수 있는 것이 바로 블렌디드 수업입니다.

블렌디드 수업에서는 다양한 학습 도구를 활용합니다. 일단 학습자와 교사가 소통할 수 있는 사이버 공간이 다양한 형태로 조성됩니다. 블렌디드 수업에서 제공하는 여러 학습 과제를 해결하기 위해 학생들은 구글 폼, 웹 설문지, 콘텐츠 제공 사이트, 쌍방향 수업 사이트 등 다양한 온라인 양식을 접합니다. 줌zoom이나 e학습터로 선생님과 친구들을 만나고, 패들렛padlet이라는 사이트에 자신의 의견을 제시하고 웹상에서 투표합니다. 스마트폰이 유튜브 감상용이 아닌, 정보를 찾고 활용하는 매체로 거듭납니다.

미래에는 정보를 많이 알고 있는 사람보다 정보를 잘 찾고 잘 활용할 수 있는 사람이 유능한 인재로 대우받게 된다고 하죠? 블렌디드 수업을 통해 우리 아이들은 위에서 이야기한 과정들을 반복하며 정보 활용 능력을 길러 가게 됩니다.

효율적이다

'효율적'이라는 말은 경제 논리에 많이 등장합니다. 시간과 비용의 투자 측면에서 결과가 좋을 때 '효율적'이라고 말하지요. 블렌디드 수업에는 '효율적'이라는 말이 잘 어울립니다. 오프라인 수업, 즉 면 대 면 face to face으로만 수업을 진행할 때는 학생들의 개인차를 모두 고려하여 수업하기 어려울 때가 많았죠. 평균적으로 중간 정도의 학업 수준에 맞춰 수업을 하게 되므로 심화 학습 및 보충 학습을 하기 위해서는 따로 시간을 마련해야 합니다. 같은 시간에 한 명의 선생님이 다수의 학생을 개별적으로 만나기에는 물리적, 시간적 한계가 있으니까요.

하지만 블렌디드 수업에서는 오프라인으로만 수업을 진행할 때의 시간 활용도와 집중도를 효율적으로 사용할 수 있습니다. 사전에 콘텐츠를 통해 개념과 이론에 관해 학습하고, 오프라인에서는 만나서 할 수 있는 의미 있는 활동들을 합니다. 온·오프라인 수업의 장점들만을 뽑아내어 수업을 효율적으로 구성할 수 있습니다.

더불어 블렌디드 수업은 학습 격차를 줄일 수 있는 대안이 되어 주기도 합니다. 개인차를 고려한 콘텐츠를 제공하면, 기본 학습이 끝난 후 심화 학습이 필요한 학생들은 심화 단계로 나아갈 수 있고, 보충 학습이 필요한 학생들은 기본 학습을 반복하거나 선생님께 도움을 요청하여 개별 학습을 할 수 있습니다. 제공된 콘텐츠로 학습하는 동안 교사는 학생들의 과제에 피드백을 해 주거나 개별 지도를 할 수도 있죠. 오프라인으로만 수업할 때보다 개별 지도 및 연구를 하는 데 시간을 더 쓸 수 있고, 학생들의 학습 격차를 줄이는 데 에너지를 쏟을 수 있겠죠?

이렇게 블렌디드 수업은 교사의 시간과 에너지를 효율적으로 사용할 수 있게 해 줍니다.

시간, 공간을 자유롭게 사용한다

글로벌 공유 오피스로 혁신적인 기업으로 주목받는 기업 'wework'는 줄 맞추어 칸으로 구분되어 있던 사무실의 개념을 없앴습니다. 손쉽게 공간을 확장하거나 좁힐 수 있게 만들었죠. 각 업체는 사무실을 업무 특성상 필요한 형태로 손쉽게 변형할 수 있습니다. 공유 오피스의 핵심은 유연성입니다. 업무 공간이 자유롭고 창조적이어야 더 좋은 아이디어가 나오고, 일의 능률이 올라가기 때문입니다.

이제는 학교가 아닌 곳에서 수업을 듣는 시대가 되었습니다. 학교와 교실에만 갇혀 있던 수업 공간이 점차 변하고 있습니다. 학교가 아닌 공간에서도 더 많이, 충분히 배울 수 있다는 인식이 싹트고 있습니다. 공간과 시간에 자유가 생기면서 학생들은 언제, 어디서든, 몇 번이고 학습할 수 있습니다.

피드백이 쉽고 효과가 높다

초등학교 교실에서 지필 평가가 사라지고, 수행 평가와 같은 '학생 중심 과정 평가가 도입된 지도 벌써 몇 해가 지났습니다. 학생들이 과업을 수행하는 과정이 중요하며, 피드백을 통해 성장하도록 돕는 것이 교육이 나아가야 할 방향이기 때문입니다. 그런데 과정과 성장에 초점을 두는 피드백이 실제로 교실에서 잘 이루어지고 있을까요?

결과 중심의 평가를 받아 온 세대가 과정 중심의 평가를 하기란 사실 쉽지 않습니다. 방식의 문제도 있지만, 오프라인 상황에서의 면 대면 피드백은 학급당 학생 수에 따라 그 질이 달라지는 경우가 많습니다. 실제로 과정 중심 수행 평가가 오프라인 교실에서 이루어질 때 교사 한 명이 여러 학생을 동시에 관찰하는 것은 한계가 있습니다.

블렌디드 수업에서는 온·오프라인을 적절히 활용하므로 학생 성장에 초점을 둔 과정 중심 평가 및 피드백이 쉽습니다. 블렌디드 수업에서는 과목별·내용별로 고를 수 있는 피드백의 유형이 늘어납니다. 앞에서 말한 시공간의 제약이 없어지므로 상시로 피드백을 하고, 학생들도 마음껏 도움을 요청할 수 있다는 장점이 있습니다.

학습 주제에 맞는 블렌디드 평가 방법으로 쌍방향 녹화나 동영상 업로드 등도 활용할 수 있습니다. 자연스럽게 과정과 결과를 기록으로 남길 수 있어서 이전 평가와 비교하여 성장해 나가는 모습도 쉽게 확인할 수 있습니다.

온라인을 이용하면 처음부터 학습 자료가 데이터로 누적되기 때문에 결과를 정리하거나 가정과 공유하는 것도 쉽게 할 수 있습니다. 온라인 학급 소통 도구(밴드, 카페, 클래스팅 등)를 활용하면 동료 평가와 자기 평가도 더 쉽고 빠르게 할 수 있으며, 평가의 효과도 높습니다.

블렌디드 수업은 온라인과 오프라인이 갖고 있는 수업의 장점을 살릴 수 있다는 점에서 매우 효과적입니다. 학생들의 역량을 강화하고, 학습 효과도 높입니다. 하지만 블렌디드 수업의 효과는 단순히 블렌디드 수업을 '온·오프라인 수업을 섞는다.'로만 접근해서 얻어지는 것은 아닙니다. '무엇을', '어떻게', '얼마나' 섞느냐가 중요합니다.

학습 상황, 아이들 특성, 학습 주제 등 다양한 요소를 고려하여 체계적으로 설계하고 전략적으로 접근했을 때 비로소 효과를 거두게 됩니다.[8] 특히 교사도 아이들도 면 대 면 수업에 익숙하기 때문에 교사가 먼저 온라인 수업 기술을 익히고 아이들에게 활용 방법을 시도하는 것이 선행되어야 합니다.

---

8   Ruth Boelens, Michiel Voet, Bram De Wever. (2018). The design of blended learning in response to student diversity in higher education: Instructors' views and use of differentiated instruction in blended learning. Computers & Education, 120.

블렌디드 수업 유형

커피 원두가루에 고압의 뜨거운 물을 통과시켜 추출해 낸 것을 에스프레소라고 합니다. 이 에스프레소에 우유를 섞은 것을 카페 라떼라고 하고요. 자, 그러면 에스프레소와 뜨거운 우유로 카페 라떼를 한 잔 만들어 보세요. 에스프레소는 얼마만큼 넣어야 하고 우유는 얼마만큼 넣어야 하냐고요? 최적의 비율은 바리스타 마음이죠. 제일 맛있을 것 같은 비율로 일단 한 잔 만들어 보세요.

카페 라떼를 만들 때 에스프레소와 뜨거운 우유의 비율이 중요한 것처럼 블렌디드 수업을 설계하고 운영하는 데도 비율이 중요합니다. 온·오프라인 수업의 비중을 어떻게 두느냐에 따라 블렌디드 수업의 학습 효과는 달라집니다.

블렌디드 수업의 5가지 유형

앞에서 블렌디드 수업을 '전통적인 오프라인 수업에 온라인 학습을 추가하거나 다양한 기술, 매체, 교육학적 방법들을 혼합한 수업'이라고 말했습니다. 이처럼 개념 정의 자체를 폭넓게 하고 있기 때문에 '블렌디드 수업은 반드시 이렇게 해야 한다.'라는 것은 없습니다. 다만 '이렇게 할 수 있겠다.'나 '이렇게 해 보면 좋겠다.'와 같은 가이드 정도는 있습니다. 다양한 기술, 매체, 교육학적 방법을 혼합하는 유형은 너무나 다양하기 때문에 가장 일반적인 온·오프라인 수업에만 포커스를 맞춰 블렌디드 수업의 유형[9]을 분류해 보겠습니다.

한 차시 안에서 온·오프라인을 교차하여 운영

이미 많이 알려진 거꾸로 교실이 여기에 해당합니다. 오늘 학습해야 하는 핵심 개념을 디딤 영상을 통해 미리 공부해 온 다음(온라인), 교실에서는 이 개념들을 적용하는 활동을 합니다(오프라인). 일반적인 교실 수업에서는 교사의 강의가 절반 이상을 차지합니다. 이런 상황에서 학생들은 수동적으로 참여할 수밖에 없습니다. 하지만 거꾸로 교실 속 학생들은 미리 온라인을 통해 학습 내용을 숙지하고 수업에 참여하기 때문에 훨씬 더 적극적입니다. 수업 시간 내에 문제를 풀거나 무엇인가를 직접 해 보는 능동적인 수업을 할 수 있죠.

---

9 최정윤. (2016). 초·중등교육에서 블렌디드 러닝의 학습효과에 대한 메타분석. 한국교원대학교 석사학위논문.

『하버드 매거진』의 편집장인 크레이그 램버트Craig Lambert[10]의 말처럼 거꾸로 교실을 바탕으로 한 능동적 학습active learning은 강의 위주로 운영되던 교실 모습을 변화시킬 수 있습니다. 이런 짜임으로 1시간 수업을 구성한다면 팬데믹 상황이 아니더라도 블렌디드 수업을 교실에서 충분히 실천해 볼 수 있습니다.

한 단원 안에서 온라인과 오프라인 운영 차시를 구분하여 운영

다음은 2015 개정 교육 과정 초등학교 4학년 1학기 국어 4단원 '일에 대한 의견' 단원 단원 학습 목표와 차시 학습 목표[11]입니다.

단원	단원 학습 목표	차시 학습 목표	학습 성격
4. 일에 대한 의견	사실과 의견을 생각하며 글을 읽고 쓸 수 있다.	1-2. 사실과 의견의 차이점을 안다.	준비 학습
		3-4. 글을 읽고 사실과 의견을 구별할 수 있다.	기본 학습
		5-6. 사실에 대한 의견을 말할 수 있다.	기본 학습
		7-8. 사실에 대한 의견을 쓸 수 있다.	기본 학습
		9-10. 학급에서 일어난 일에 대해 의견이 드러나게 쓸 수 있다.	실천 학습

---

10 Craig Lambert. (2012). Twilight of the Lecture. Harvard Magazine. https://harvardmagazine. com/2012/03/twilight-of-the-lecture (2021년 1월 18일 접속)
11 교육부. (2018). 초등학교 국어 4-1 교사용지도서.

초등학교 국어 교과서에는 단원 구성 체제라는 게 있습니다. '준비 학습-기본 학습-실천 학습'으로 연결되는 일련의 흐름입니다. 먼저 단원의 흐름을 쭉 훑어 본 다음, 온라인으로 운영하는 게 효과적인 차시와 오프라인으로 운영하는 게 효과적인 차시를 구분합니다. 그리고 단원 수업 계획을 세울 때 그 부분을 표시해 둡니다. 학기 초에 교과 지도 계획을 세울 때 다음 표처럼 미리 표시해 두고 온라인 수업과 오프라인 수업의 비중을 조절하여 운영할 수 있습니다.

단원	단원 학습 목표	차시 학습 목표	학습 성격	블렌디드 수업
4. 일에 대한 의견	사실과 의견을 생각하며 글을 읽고 쓸 수 있다.	1-2. 사실과 의견의 차이점을 안다.	준비 학습	온라인
		3-4. 글을 읽고 사실과 의견을 구별할 수 있다.	기본 학습	온라인
		5-6. 사실에 대한 의견을 말할 수 있다.	기본 학습	오프라인
		7-8. 사실에 대한 의견을 쓸 수 있다.	기본 학습	오프라인
		9-10. 학급에서 일어난 일에 대해 의견이 드러나게 쓸 수 있다.	실천 학습	오프라인

한 단원은 온라인, 다음 단원은 오프라인으로 운영

이 유형은 2020년 팬데믹 상황이 최고조에 달해 계속적으로 등교 중지 조치가 이어졌을 때 많이 사용했던 방법입니다. 온라인으로 수업하기에 적합한 단원과 그렇지 않은 단원을 구분하여 등교 중지 기간에 맞춰 수업을 했습니다. 이해를 돕기 위해 간단한 예를 들어 보겠습니다. 다음은 ○○학교에서 학생과 학부모님들에게 안내한 2주간의 수업 일정입니다.

○학년 수업 일정(8.31.~9.11.)				
월	화	수	목	금
8/31	9/1	9/2	9/3	9/4
등교	등교	온라인(가정)	온라인(가정)	온라인(가정)
9/7	9/8	9/9	9/10	9/11
온라인(가정)	등교	등교	온라인(가정)	온라인(가정)

한 주에 2회는 등교수업(오프라인)을, 3회는 가정학습(온라인)을 하는 일정입니다. 하나의 단원을 배우고 있는데 어떤 날에는 등교를 해서 배우고 어떤 날에는 온라인으로만 배워야 해서 흐름이 끊긴다는 이야기가 많았습니다. 이런 문제점을 보완하기 위해 온·오프라인에 적합한 단원을 구분하여 나누어 지도하는 아이디어를 떠올리게 되었습니다. 간단히 말해 등교하는 날에 배우는 단원과 등교하지 않는 날에 배우는 단원을 다르게 하는 것입니다.

이 방법은 교사가 의도했던 흐름에 맞춰 단원의 학습 내용을 지도할 수 있다는 게 장점입니다. 물론 단점도 있습니다. 가령 교과 내용이 위계를 가지는 수학의 경우에는 계열성이라는 특성이 있습니다. 논리적 순서에 따라 학습 내용이 조직되어 있는 것이죠. 쉽게 말해 1단원의 내용을 제대로 알고 있어야만 2단원을 이해할 수 있다는 말입니다. 이런 경우에는 단원을 섞어서 배우기가 어렵습니다. 그런 점에서 여기서 소개하는 블렌디드 수업의 세 번째 유형은 교과의 계열성이 비교적 약한 교과와 단원에 적합합니다.

온라인으로 배우는 교과와 오프라인으로 배우는 교과를 구분하는 유형

다음은 ○○학교 6학년 학생들의 등교 일정입니다.

6학년 수업 일정(8.31.~9.11.)				
월	화	수	목	금
8/31	9/1	9/2	9/3	9/4
등교	등교	온라인(가정)	등교	등교
9/7	9/8	9/9	9/10	9/11
등교	등교	온라인(가정)	등교	등교

일주일 중 4일 동안은 등교를 하고, 가운데 날인 수요일에는 온라인으로 학습을 하는 짜임입니다. 오프라인 수업이 주이고 온라인 수업이 부입니다. 이런 경우에는 온라인으로 배우는 교과와 오프라인으로 배

우는 교과를 구분하여 운영할 수 있습니다. 예를 들어 매주 수요일을 '수학 Day'로 만드는 것이죠. 수요일에는 다른 교과는 배우지 않고 수학만 온라인으로 4~5시간씩 배우는 겁니다. 물론 월, 화, 목, 금에는 수학을 배우지 않고요. 어떤가요? 온라인 수업으로 수학을 배우는 수요일을 특별한 날이라고 생각하지 않을까요?

수학이 아니라 예체능 교과로 채울 수도 있습니다. 온라인으로 음악과 미술을 배우는 '수요 아트 데이'는 어떤가요? 그동안은 모든 교과를 오프라인 수업을 통해 배워야 한다고 생각해 왔습니다. 하지만 곰곰이 생각해 보면 온라인으로 배워도 큰 문제없는 교과들이 있습니다.

전체적으로 온라인을 중심으로 하되 오프라인을 곁들여 운영

마이클 혼과 헤더 스테이커가 『블렌디드』라는 책에서 소개한 플렉스 모델flex model이 여기에 해당합니다. [12] 전반적인 학습이 모두 온라인 수업으로 진행됩니다. 오프라인 수업은 필요한 경우 선택적으로 운영됩니다. 예를 들어 학급 전체의 학생이 주 5회 온라인 수업으로 참여하다 보면 그중 몇 명은 이렇게 생각할 수 있습니다.

'온라인 수업은 나랑은 도저히 안 맞는 것 같아.'

'교실에서 선생님한테 직접 들을 때는 집중이 잘되었던 것 같은데 컴퓨터 화면만 보고 있으려니 도통 몰입이 안 되네.'

'온라인 수업에서 들었던 내용 중에 이해가 안 되는 내용을 선생님께

---

12 마이클 혼, 헤더 스테이커. (2017). 블렌디드. 에듀니티.

직접 물어 보면 좋겠는데, 어떡하지?'

이런 생각을 가진 학생들이 있다면 등교하게 해 주는 겁니다. 온라인으로 채워 주지 못한 부분을 오프라인 수업을 통해 메워 주기 위해서요. 물론 팬데믹 상황에서 이런 유형으로 교육 과정, 학사 일정을 운영하는 곳은 흔치 않습니다. 낡은 교사가 오프라인 수업을 표준이리고 생각하니까요. 하지만 다가올 미래에는 등교하지 않고 온라인으로 배우는 게 표준이 될지도 모릅니다. 온라인 수업이 뉴 노멀new normal(시대 변화에 따라 새롭게 부상하는 표준)이 된다면 다섯 번째 유형이 보편화될 수도 있습니다.

이 글을 읽는 독자가 생각하는 온·오프라인 수업의 이상적인 비율은 어떤 것인가요? 5가지로 딱 나눠지지 않을 수도 있고, 5가지 중에서 2가지를 섞어서 또 다른 유형을 만들어 낼 수도 있을 것입니다. 취향에 따라 카페 라떼에 들어가는 에스프레소와 우유의 비율이 다르듯이 교육, 배움, 학습을 어떻게 바라보느냐에 따라 블렌디드 수업의 구성 비율이 달라질 것입니다.

다만 취향과 함께 반드시 생각해야 할 게 있습니다. 어떻게 운영하든 그 중심에는 학생들이 있어야 한다는 것입니다. 어디에서 배울 것인지, 어떤 시간에 배울 것인지, 어떤 순서로 배울 것인지, 어느 정도의 속도로 배울 것인지 등을 학생들과 함께 논의해야 합니다. 온라인 수업이든 오프라인 수업이든 말이죠. 학생 주도 배움은 블렌디드 수업에서도 빠뜨려서는 안 되는 중요한 요소입니다.

학부모님들에게
부탁해야 할 4가지

"교사, 학생, 학부모의 협력과 소통이 필요하다."

교육계에서 지속적으로 회자되는 이야기 중 하나입니다. 모두 다 알고 있지만 그만큼 실천이 어려운 것이 바로 이 3주체의 소통이 아닐까 싶습니다. 교사와 학생은 학교에서 매일 만나며 자연스럽게 소통하지만, 학부모와 교사의 소통은 항상 어렵고 부담스럽기만 합니다.

그런데 코로나19가 학부모와 교사 사이에 불씨를 놓고 말았습니다. 가정에서 진행되는 온라인 수업을 위해서는 학부모님들의 도움이 절실히 필요하기 때문입니다. 학부모님들과의 소통 없이는 성공적인 온라인 수업을 진행하기가 어려운 것이 현실입니다. 그렇다면 원활한 수업을 위해 학부모님들에게 어떤 도움과 이해를 요청하면 좋을까요? 학기 초에 학부모님들에게 안내할 수 있는 4가지 약속을 소개합니다.

매일 공부할 수 있는 고정적인 공간을 정해 주세요

공부하는 공간이 학교에서 집으로 바뀌는 경우 학생들의 태도에 변화가 올 가능성이 많습니다. 아이들이 학교는 공부하는 공간으로 인식하는 반면, 집은 쉬는 공간으로 인식하기 때문입니다. 따라서 아이들이 공부하는 공간으로 인식할 수 있는 '공부 공간'을 집 안에도 마련해 주어야 합니다. 특별한 공간이 아니어도 괜찮습니다. 매일 공부하기에 부담이 없는 아이만의 공간을 정해 주면 됩니다. 온라인 수업 참여를 위해 와이파이 및 전자 기기를 이용할 수 있는 공간이면 좋습니다.

그리고 매일 학교에 등교하듯 항상 같은 공간에서 학습에 참여할 수 있도록 학부모님들의 협조를 구해 주세요. 매일 같은 공간에서 공부하는 습관이 형성되면 아이는 그 공간에 앉는 순간 공부할 마음과 태도를 갖게 되기 때문입니다. 자유로운 공간에서는 집중도와 책임감 또한 약해지기 마련이니 집 밖의 공간(식당, 부모님 회사, 친척집 등)에서 학습에 참여하는 것은 지양해야 합니다.

학교 시정을 잘 지켜 주세요

집에서 참여하다 보니 수업 시정에 대해서 자유로워지는 경우가 있습니다. 학원 보충, 가족 식사 등 개인적인 사유로 학교 시정이 끝나기 전에 외출하거나 이동하는 아이들도 생겨나죠. 온라인 수업은 자율 학습과 달리 가정에서 수업이 이루어지는 것을 의미합니다. 학습 공간만 학교에서 가정으로 이동한 것이기 때문에 학교 시정이 마무리되기 전에는 개인 활동을 하는 일이 없도록 시간 약속을 꼭 지켜야 합니다.

교사를 믿어 주세요

온라인 수업으로 학습이 잘 이루어질지에 대해 학부모님들의 걱정이 많다 보니 온라인 수업 콘텐츠와 관련하여 교사에 대한 신뢰도 문제가 발생하기도 합니다. 중요한 것은 학생들이 교사를 믿어야 수업에 열심히 참여할 수 있다는 것입니다. 학생이 교사를 신뢰하지 못하면 수업에 대한 신뢰도가 떨어집니다.

온라인 수업은 오프라인 수업에 비해 소통에 한계가 있어서 교사와 학생 사이의 신뢰 형성이 더욱 중요합니다. 학생들의 적극적인 참여를 위해서는 교사에 대한 학부모님들의 신뢰가 필요합니다. 학부모님들이 교사의 전문성과 열정을 믿고 지지해 주는 만큼 학생들도 교사를 신뢰할 수 있기 때문입니다.

자녀를 믿어 주세요

실시간 온라인 수업을 하다 보면 학부모님이 수업 내내 아이 옆에 앉아서 아이의 활동을 함께 하시는 경우가 있습니다. 아이가 수업에 집중을 잘하는지, 적극적으로 참여하는지 걱정도 되고 궁금하기 때문일 것입니다. 그런데 안타깝게도 부모님이 옆에서 지켜보고 있으면 아이들은 오히려 부담을 느끼고 더욱 소극적으로 참여하는 모습을 보이더라고요. 아이를 돕고 격려하고자 한 부모님의 마음과는 다른 결과를 낳게 되는 경우가 많습니다.

아이가 온라인 수업 시간에 부담을 느끼게 되면 수업에 대한 흥미를 잃게 될 것입니다. 수업 시간이 부담스럽고 힘든 시간이 되어 버리는 것이죠. 지켜보지 않아도 아이들은 잘할 수 있습니다. 혹시 아이의 태도가 걱정되거나 궁금하면 담임 선생님에게 개인적으로 연락하는 것이 좋습니다. 가정에서는 아이가 스스로 수업에 열심히 참여할 수 있도록 많은 격려와 응원을 해 주세요.

**BLENDED
LEARNING**

PART 2
블렌디드 수업을 위해 필요한
온라인 학급 만들기

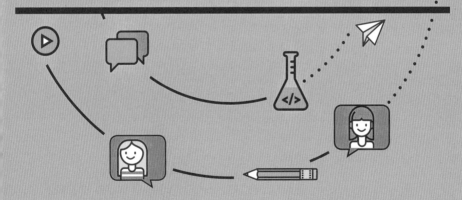

온라인으로
조례·종례 하는 법

코로나 이전의 조례·종례 모습을 떠올려 봅니다. 아이들이 교실 문을 열고 들어와 아침 인사를 반갑게 나눕니다. 수업을 준비하는 아이들의 모습이 분주하고, 교실에는 활기가 넘칩니다. 조례를 통해 학교 생활을 함께 시작하고 종례를 통해 함께 끝맺습니다. 조례·종례는 아이들과의 소통의 시작과 끝이라고 할 수 있지요.

온라인 수업에서는 과제 제시형이나 일방적인 영상 제공 등으로 수업이 진행되다 보니 학생들과 소통이 많이 줄었습니다. 교실에서 만날 때는 학생들이 간밤에 늦게 자서 피곤해하는 모습, 아침에 엄마랑 싸우고 와서 기분이 좋지 않은 모습, 생일이라 들뜬 모습들을 직접 보고 느낄 수 있습니다. 하지만 온라인 수업이 확대되면서 학생들이 방치되는 상황도 생깁니다. 학생들의 정서를 파악하기에 어려움이 커졌지요.

온라인 수업을 할 때 아이들의 정서를 파악하고 바른 생활 습관을 만들어 주기 위해서는 어떻게 할 수 있을까요? 온라인 상황에서 아이들을 수업으로 초대하고 맞이하는 것, 수고했다고 토닥여 주는 과정이 더욱 중요해졌습니다. 그 과정의 첫걸음, 온라인 조례·종례의 다양한 방법을 만나 보시죠.

온라인 조례·종례 시 중요한 것

기본이 제일 중요하다고 하지요. 온라인 조례·종례의 기본은 시간입니다. 교사의 규칙적인 입실 시간이 안정감을 주고 질서를 만듭니다. 학생들의 입실은 10분 정도 여유가 필요합니다. 들어오는 시간이 조금씩 차이가 있기 때문이죠.

조례·종례 시에 늦는 친구들이 있을 수 있어서 조례·종례 시간을 정해 두고, 10분 일찍 들어오게 합니다. 그 10분 동안 먼저 온 친구들은 오늘 해야 할 일을 살펴보고, 여유 시간에 하는 스몰 미션들을 합니다. 그리고 접속이 늦어지는 친구들에게 연락합니다. 이때 단짝제도를 도입하여 서로 늦은 친구에게 연락해 주도록 합니다. 조례를 정해진 절차대로 바로 시작하기 위해서는 준비할 수 있는 여유 시간이 충분해야 합니다. 그리고 여유 시간에 해야 할 일을 명확히 알려 주어야 하죠.

학생들은 자신이 무엇을 해야 하는지 모르는 상황을 두려워하고 굉장히 당황스러워합니다. 그래서 접속할 때마다 매번 묻지 않아도 할 일을 확인할 수 있도록 하거나 고정적인 루틴(독서나 할 일)을 정해 두는 것이 좋습니다. 종례 시간은 너무 길지 않게 하는 것도 중요합니다. 테마가 있는 종례일 경우 마지막 교시의 수업 양과 내용을 조정하여 시간을 마련하는 것도 방법입니다. 혹은 점심시간의 여유 시간을 활용하는 것도 좋겠지요.

온라인 조례·종례도 교사의 학급 철학과 분위기를 만들 수 있는 고정적이고 중요한 의식입니다. 그러기 위해서는 선생님들께서 아이들과 1년 동안 함께하며 전해 주고 싶은 메시지를 담은 조례·종례의 큰 그림을 그려 보는 것은 어떨까요? 봄비처럼 학급살이에 촉촉이 스며들어 꽃을 피우리라 생각합니다. 방향성을 가진 유익한 활동에 재미까지 더해진다면 더할 나위 없이 좋겠지요.

온라인 조례는 어떻게?

조례 10분 전, 준비 시간

조례 10분 전에 입장합니다. 조례를 시작하기 전 10분 동안 아이들이 행복하게 아침을 맞이할 수 있도록 아침을 여는 음악을 틀어 줍니다. 교사가 선정한 음악도 좋고, 아이들의 추천곡을 받는 것도 좋겠지요. 혹은 DJ나 주인공을 정해 그 친구가 음악으로 아침을 열어 주는 방법도 있습니다. 줌의 '컴퓨터 소리 공유' 기능을 활용하거나 핸드폰에서 음악을 재생해 바로 들려줄 수도 있지요.

학생들은 접속하여 PPT 화면 공유로 띄워 준 오늘 해야 할 일, 스몰 미션을 확인하고 수행합니다. 자유롭게 화이트보드에 낙서하며 놀 수 있게 하거나 근황을 나눌 수 있도록 하는 방법도 있습니다. 고학년의 경우에는 스스로 하루를 계획할 수 있는 시간으로 활용하거나 아침 10분 독서 시간으로 꾸려도 좋습니다. 조례 10분 전 활동온 되도록 즐겁게 할 수 있도록 합니다.

스몰 미션의 예시로는 타자 연습, 그날의 퀴즈 풀기, 과제에 대해 상호 피드백하기, 감사일기 적기, 하루 2줄 글짓기, 선생님이 주는 주제 검색하기(계기 교육이나 오늘 학습할 내용과 관련 있는 개념에 대해 스스로 검색해 보는 미션을 주고 찾은 내용에 대해 한 단어나 문장으로 말해 보는 활동), 오늘의 뉴스 찾아보기 등이 있습니다. 늦게 들어와서 해야 할 일을 수행하지 못한 친구는 시간을 내어 그날 안에 다 하도록 합니다. 활동 인증은 학급 게시판이나 밴드를 이용합니다.

조례 10분 전에 아직 접속하지 않은 친구는 서로 짝을 지정해 주어 연락하는 단짝제도를 운영합니다. 교실 안에서는 책상 간 거리두기로 인해 짝이 사라졌지만 온라인 상황에서 서로 챙겨 주는 짝이 있으면 학생 간에 정서적 유대감이 강화됩니다. 교사가 일일이 전화를 하는 시간을 줄여 조례 시간에 빠르게 모두가 모이게 한다는 장점도 있습니다. 또 아침에 시간을 잘 지켜 성실히 출석한 아이들이나 과제를 성실히 올린 아이들을 위해 '온라인 수업 시상식' 자리를 마련하면 학생들이 보람을 느낄 수 있고 출석률을 올리는 데도 도움이 됩니다.

인사 나누기

조례 준비 시간 10분이 지나면 약속한 시각에 바로 조례를 시작합니다. 시작은 '인사 나누기'로 합니다. 인사는 다양하고 재미있는 버전들로 골고루 나눠 보는 것을 추천합니다. 코로나 이전에는 악수, 포옹, 주먹인사, 하이파이브 등 접촉식 인사를 주로 했습니다. 다행히 인사의 목적은 반겨 주기와 소속감 주기이므로 비접촉으로도 가능합니다. 학생들의 이름을 불러 주며 맞이하는 방법, 줌에서 소회의실 기능을 활용하여 모둠별로 인사를 나누는 방법 등으로 다양하게 진행할 수 있습니다. 오프라인에서 사용했던 주먹인사, 손 하트, 이티 인사(두 번째 손가락 끝을 맞닿게 하기)는 카메라에 손가락을 가까이 하는 방식으로도 할 수 있습니다.

수어로 '사랑합니다.', '안녕하세요.', '반갑습니다.' 동작을 익혀서 인사를 할 수도 있습니다. 제가 좋아하는 방법 중 하나는 아침을 개운하게 시작할 수 있게 물 한 잔을 가져와 다 같이 건배하는 느낌으로 '짠!' 하고 인사하는 것입니다.

그 밖에도 요일별로 인사를 정해 놓고 하는 방법, 인사의 종류를 PPT 화면으로 보여 주고 그날그날 각자 하고 싶은 인사를 골라 하는 방법 등 각 교실에 맞게 적용할 수 있습니다. 인사 방법을 아이들과 의논하여 정하는 것도 재미있습니다.

전체가 동시에 인사를 나눌 경우 스크린 캡처 기능을 이용하여 기념사진을 남기는 것을 추천합니다. 매일매일 성장하는 모습을 볼 수 있고, 함께 추억으로 남길 수 있습니다.

우리 반에서는 월요일 아침에는 일주일을 시작하는 마음으로 「출발」이라는 노래를 함께 부릅니다. 반가가 있다면 함께 반가를 부르며 인사를 나누는 활동도 좋으리라 생각합니다.

다음으로 인사 나누기 후 선생님들께서 선택할 수 있는 조례 활동들을 소개합니다.

감정 출석부

자신의 심리 상태를 알아차리는 것만으로도 마음 건강을 챙길 수 있습니다. 아이들이 스스로를 받아들이고 자신의 감정에 집중해 볼 수 있는 시간을 갖는 것은 어떨까요? 내가 현재 어떤 상태인지 파악하기 위해서는 일단 감정의 종류와 단어를 많이 접할 필요가 있습니다. 시중에 많이 소개되는 감정 출석부 판이나 여러 감정 단어가 들어간 카드를 이용하여 학생들이 자신의 감정을 점검하는 시간을 갖습니다.

다양한 감정이 적혀 있는 감정 출석부를 화면에 공유하여 자신의 이름을 적거나 채팅창에 자신의 오늘 감정을 적어 보게 하며 서로 감정을 알아차리고 나눌 수 있습니다. 평소와 다른 특별한 감정을 가진 친구에게는 이유를 물어 이야기를 들어 보는 것은 어떨까요?

간단하게 감정을 점수로 표현하는 방법도 있습니다. 조례 시간이 길지 않다 보니 짧게 아이들의 마음 상태를 파악하는 방법으로 1~5점(1점이 가까울수록 부정적이고 속상한 마음, 5점이 가까울수록 기쁘고 행복한 마음)을 손가락으로 나타낼 수 있습니다.

여유 시간이 있다면 몇 명이라도 감정의 이유를 들어 본다면 훨씬 더 풍부한 감정 나누기를 할 수 있습니다. 소회의실을 활용하여 무작위로 그날 만나는 친구끼리 자신의 감정과 이유에 대해 조금 더 깊이 있게 이야기를 나누고, 전체 모였을 때 기억에 남는 이야기나 전하고 싶은 내용을 발표할 수도 있습니다.

습관 만들기

조례의 장점은 매일 규칙적으로 하는 루틴을 만들 수 있다는 점입니다. 이 루틴의 시작을 만들고 싶은 습관을 점검해 보는 것으로 시작해 보는 것은 어떨까요? 고학년의 경우에는 자기관리 역량을 길러 주기 위해 스스로 해야 할 일과 점검할 내용들을 적는 자기관리 공책을 만들어 사용하게 하고, 저학년의 경우에는 만들고 싶은 습관 한두 가지를 매일 실천했는지 점검하거나 다짐해 보는 시간으로 삼아도 좋습니다. 이때 습관을 점검하는 방법은 습관 달력을 만들어 완료 표시하기, 실천할 때마다 습관 만들기 양식(포도알, 손바닥 그림 등) 한 칸씩 색칠하기, 스티커 붙이기 등이 있습니다.

매일 자신이 지킬 습관을 읽으며 다짐하기, 혹은 어제 습관을 지켰는지 확인하기 등 규칙적으로 자신의 생활을 관리하는 시간을 가지는 것은 조례를 의미 있게 진행하는 좋은 방법입니다. 혹시 학급에서 공통으로 지키기로 한 습관이나 규칙이 있다면 직접 제본한 공책이나 일정한 틀을 주고 체크리스트 형식으로 실천 여부를 점검해 보는 방법도 추천합니다.

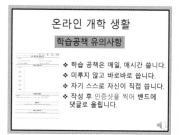

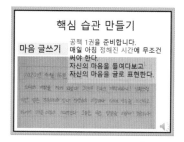

하루 주인공

하루에 한 명을 아침 조례의 사회자로 지정하여 조례를 진행하도록 합니다. 그날의 주인공이 되는 것이지요. 사회를 보는 것은 어려울 수 있으므로 미리 대본을 주는 것을 추천합니다. 그날의 주인공이 할 수 있는 일은 조례 준비 시간에 노래 틀어 주기, 자유롭게 1분 말하기(자유로운 주제, 친구들에게 이야기해 주고 싶은 것, 자신의 취미, 추천하고 싶은 일이나 주제, 전해 주고 싶은 정보·뉴스, 자신의 관심 분야에 대해 소개하기 등), 친구들이 그날 필사할 명언이나 미덕 적어 주기 등이 있습니다. 조례의 주인공은 그날 격려 샤워의 주인공으로 종례 때도 진행을 이어가도록 하며 하루의 시작과 마무리를 할 수 있도록 합니다.

◆ 우리 반 활동 및 대본 예시 ◆

(고학년 기준, 감정 출석부나 습관 확인 등을 추가하거나 바꾸어 진행 가능)

준비 시간

- 아침에 마음에 드는 음악 틀기
- 마음에 드는 미덕(가치)이나 명언을 적어서 화면 공유하기

하루 열기 활동

1. 하루 열기 : 인사 나누기
2. 미덕이나 명언 함께 읽기
3. 1분 말하기 : 자유 주제 혹은 월별 주제(예시: 내가 좋아하는 ~에 대하여)
3. 격려 샤워 주인공 발표
4. 확인: 출석, 과제(안내장), 자기관리
5. 자기 정비의 시간: 수업 준비 확인, 습관 다짐 및 점검
6. 1분 명상(명상 음악과 함께 깊은숨 쉬기 및 집중하기)
7. 끝인사

하루 열기 대본

1. "지금부터 하루 열기를 시작하겠습니다."
   인사 나누기를 하겠습니다. 오늘의 인사 방법은 ~입니다.
   (요일별 혹은 자유 인사)
2. 오늘 제가 함께 읽고 싶은 미덕(명언)은 ~입니다.
   다 함께 읽으며 오늘 하루 마음에 새겨 보도록 합시다.
3. 1분 말하기를 하겠습니다.(월별 주제일 경우)
   "오늘은 제가 좋아하는 ○○○에 대해 이야기하겠습니다."
   (1분 이야기하기)
4. 오늘의 격려 샤워 주인공은 (자기이름)입니다.
   (종례 시간에 주인공을 그리도록 하겠습니다. : 그리기 과정은 생략 가능)
   하룻동안 주인공에게 해 주고 격려 및 칭찬을 생각해 봅시다.
5. 스스로 정비해 보는 시간을 갖겠습니다. 오늘 하루 해야 할 일 및 지킬 습관을 살펴보고, 수업 준비가 되었는지 스스로 확인해 봅시다.(1분)
6. 곧 1분 명상을 하겠습니다. 자세를 바르게 합시다.
7. 이상으로 하루 열기를 마칩니다.

온라인 종례는 어떻게?

온라인 종례도 조례와 마찬가지로 하루 동안 열심히 학습한 학생들을 격려하고 마무리 지어 주는 의식입니다. 시간을 지키고, 여유 시간 5분 정도를 가지면 좋습니다. 조례의 경우 늦게 일어나는 친구도 있어서 다 모이는 데 시간이 걸리는 편이나 종례는 이미 학습을 시작하고 나서 모이기 때문에 훨씬 빨리 잘 모입니다. 종례는 끝나고 나면 아이들의 자유 시간이기 때문에 너무 길지 않게 합니다. 온라인 종례 시 할 수 있는 활동과 방법은 다음과 같습니다.

학습 내용 점검 및 정리

그날 해야 할 일을 돌아보는 퀴즈를 냅니다. 일명 '방구석 하교 퀴즈!'입니다. 조례 시 안내했던 내용이나 알림장 내용에 대해 퀴즈를 냅니다. 과제가 있을 때는 과제 기한이나 방법에 대해 퀴즈를 내는 것도 추천합니다. 퀴즈를 다 통과한 친구만 퇴장할 수 있게 하는 것도 좋습니다.

스스로 배운 내용을 복습해 보는 시간을 갖습니다. 서로 질문하거나 배운 내용 중에서 가장 기억에 남고 기억하고 싶은 내용을 발표하게 합니다. 시간을 줄이고 아이들의 발표 기회를 높이기 위해 소모임(소집단)을 적절히 활용하면 좋습니다.

하루 닫기

하루 열기로 조례를 하는 반에서는 대본대로 그날의 주인공을 격려해 줍니다. 격려의 의미와 필요성에 관해 이야기를 나누고 격려하는 방법과 언어들을 연습하는 시간을 먼저 가져야 합니다. 실시간 쌍방향 상황에서 격려 샤워를 할 때는 진한 펜이나 매직으로 격려의 말을 크게 적어 화면에 가득 차게 보여 줍니다. 이 장면을 캡처하여 그날의 주인공에게 선물해 줍니다. 이때 활동을 하나 추가하면 1분 정도 크로키로 주인공을 그려 그 옆에 격려의 말을 적도록 할 수도 있습니다.

하루 열기나 닫기를 하지 않더라도 하루 동안 한 명에게 격려와 칭찬의 말을 해 주는 과정을 적극 추천합니다. 격려와 소속감은 아이들에게 큰 에너지가 됩니다. 격려를 받은 친구는 격려해 준 반 친구들 모두에게 감사 인사를 전하고, 제일 마음에 드는 격려를 뽑게 합니다. 뽑힌 사람도 기분이 좋고, 다음 격려 활동에도 동기 부여가 됩니다. 격려왕을 뽑는 활동도 추가하면 아이들의 격려 동기를 더욱 높일 수 있습니다.

마무리

종례 시 하루 동안 기억에 남았던 내용이나 사건을 이야기하게 하거나, 재미있는 방법으로 퇴장해 보는 것은 어떨까요? 쉽게 할 수 있는 방법으로는 선생님과 가위바위보(이긴 사람, 비긴 사람, 진 사람 등 매번 경우를 다르게 하면 재미가 배가됩니다.), 텔레파시(짜장면 짬뽕 고르기 등)가 통한 사람들 먼저 나가기, 기념사진 찍기, 선생님의 한마디 등이 있으며, 그 밖에도 다채롭게 꾸밀 수 있습니다. 감사일기를 쓴다면 종례 시

감사한 일을 나누는 활동으로 마무리 인사를 할 수 있습니다. 반복되고 답답한 온라인 일상 속에서 우울감을 극복하고 주변의 감사한 일을 찾고 나누는 것은 아이들에게 행복의 씨앗을 심어 주는 일입니다.

온라인 조례·종례의 핵심은 매일 규칙적으로 제대로 아이들과 만나는 소중한 시간이라는 점입니다. 이 시간에 아이들의 마음을 어루만져 주고, 반에서의 소속감을 느낄 수 있게 합니다. 아이들을 수업으로 초대하고 맞이해 주는 과정으로 구성 방법과 활동은 매우 다양합니다. 중요한 것은 조례·종례의 핵심을 알고, 목적을 정하는 것입니다. 선생님들의 일관된 철학과 아이들에게 주고 싶은 메시지를 담은 다양한 활동을 통해 즐겁고 의미 있는 시간을 만드시길 바랍니다.

온라인 공간
소통 노하우

블렌디드 수업의 특성상 다양한 소통의 문제가 발생합니다. 플랫폼의 기능을 몰라서 생기는 문제, 말하는 사람을 파악할 수 없는 문제, 말소리가 겹치는 문제 등 블렌디드 수업을 하다 보면 한 번쯤은 겪게 되는 일이죠. 교실에서 자연스럽게 이야기를 주고받는 것과는 다를 수밖에 없습니다. 따라서 온라인 상황에서 필요한 소통 기술을 익혀야 합니다. 학생들과 직접 부딪치며 얻게 된 온라인 공간 소통 노하우를 소개합니다.

방법 1. 줌의 여러 가지 기능 활용하기

줌이라는 플랫폼을 처음 사용한다면 줌 속에서 소통할 수 있는 기본적인 기능들을 설명해 주어야 합니다. 줌에는 여러 가지 기능이 있습니다. 이 기능들을 상황에 적절하게 활용한다면 더욱 자연스러운 소통이 가능합니다. 블렌디드 수업에 자주 쓰이는 기능들을 소개합니다.

교사 학생에게 여러 가지 기능 허용하기

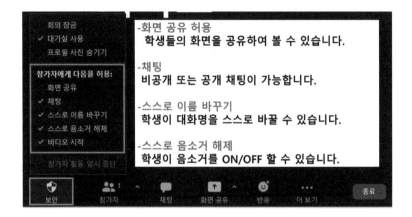

교사 소회의실에서 전체에게 공지하기

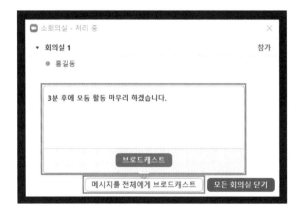

여러 가지 기능 활용하기

① 음소거 / 화면 공유

② 손들기 / 채팅

③ 소회의실에서 선생님 호출하기

방법 2. 토킹 스틱 만들기

전체 학생들이 모여 있는 곳에서는 교사가 학생들을 어렵지 않게 리드할 수 있지만, 학생들끼리만 있는 소회의실에서는 그렇지 않습니다. 이때 '토킹 스틱(talking stick)'을 활용할 수 있습니다. '토킹 스틱'이란 인디언들이 회의를 할 때 사용했던 것으로 토킹 스틱을 들고 있는 사람만 발언할 수 있는 경청과 소통의 도구입니다. 토킹 스틱을 만들어 활용하면 학생들끼리 있는 소회의실에서도 원활한 소통이 가능합니다. 토킹 스틱은 집에서 쉽게 만들 수 있는 도구로 정하면 됩니다.

① 휴지심 또는 종이를 말아 스틱을 만들고, 포일과 봉지를 구겨 공 모양을 만듭니다.

② 붙이고 꾸며 사용합니다.

방법 3. 줌에서 반응 표시하기

블렌디드 수업을 하다 보면 아이들이 제대로 듣고 있는지 아닌지를 확인하기 어렵습니다. 그럴 때마다 "잘 듣고 있니?"라고 물어볼 수도 없는 노릇이고요. 그럴 때 사용하면 좋은 방법이 '반응 표시' 기능입니다.

반응 표시하는 방법

① 화면 우측 하단의 '더 보기'를 클릭합니다.

② 원하는 반응 이모티콘을 선택합니다.

③ 학생들과 반응 이모티콘 약속을 정해서 활용하면 좋습니다.

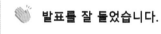

👏 **발표를 잘 들었습니다.**

👍 **의견에 동의합니다.**

😆 **의견에 반대합니다.**

😮 **질문 있습니다.**

④ 반응 표시 결과

10분 만에 온라인 실시간 수업 설계하기

온라인 실시간 수업을 준비할 때 어떤 것에 가장 많은 시간을 할애하시나요? 저는 온라인 수업 콘텐츠 자료의 홍수 속에서 어떤 것으로 40분을 의미 있게 채울지가 늘 고민이었습니다. 막상 좋은 콘텐츠를 가져와도 온라인 실시간 수업에서는 40분이 생각처럼 채워지지 않아 애를 먹었죠.

일단 학생들이 쌍방향 수업에서 사용하는 온라인 툴에 익숙하지 못했습니다. 연달아 행해지는 6교시의 긴 쌍방향 수업 속에서 느끼는 지루함과 집중력 저하 때문에 학생들은 온라인 실시간 수업이 지친다고 하더라고요. 그런 학생들을 달래 가며 수업하고, 때로는 온라인 실시간 수업 안에서 화도 내면서 1년의 시간을 함께 버텼습니다.

수업 목표에 도달하면서 학생들이 지루해하지 않을 온라인 실시간 수업은 어떻게 만들 수 있을까요? 교실에서의 40분보다 온라인에서의 40분은 훨씬 깁니다. 초등학생의 최대 집중 시간이 15분이라는 것을 감안하면 학생들이 40분 동안 작은 화면을 보고 있는 건 매우 어려운 일입니다.

그래서 온라인 실시간 수업은 40분보다 짧게 30~35분으로 축소했습니다. 물론 수업에 따라 40분으로 늘어날 수도 있고요. 다만 학생들이 한 활동을 할 때 최대한 15분을 넘기지 않게 구성하는 것이 좋습니다. 그럼 각 단계별 추천 활동을 소개하겠습니다.

도입 설계하기

도입으로 간단하게 할 수 있는 활동은 3가지가 있습니다.

몸을 움직이는 게임으로 집중도 높이기

장시간 컴퓨터 앞에 앉아 있으면 매우 피로합니다. 쉬는 시간이 있지만 학생들은 쉬는 시간에도 컴퓨터 앞을 떠나지 않는 경우가 더 많습니다. 따라서 간단히 몸으로 할 수 있는 게임을 하거나 몸을 움직일 수 있는 동작을 함께 하면 집중도를 높이고 피로도 풀 수 있습니다.

예를 들어 물건 가져오기 게임과 텔레파시 게임이 있습니다. 물건 가져오기 게임은 '집에 있는 물건 중에서 빨간색 물건 가져오기'와 같은 미션을 수행하는 게임입니다. 텔레파시 게임은 교사가 제시한 단어를 모둠원이 같은 포즈로 표현하는 게임입니다. 이렇게 수업과 관련 없는 내용일지라도 괜찮습니다. 몸을 움직이면 다소 가라앉았던 분위기를 띄울 수 있어 다른 동기 유발 자료 없이도 학생들은 수업에 몰입할 수 있습니다.

온라인 수업에서 쓸 도구 준비하기

온라인 수업 도구는 크게 2가지로 나눌 수 있습니다. 하나는 온라인 수업 툴(흔히 프로그램이라고 하지만 준비물과 구분을 위해 온라인 수업 툴이라 칭하겠습니다.)이고, 다른 하나는 우리가 일상적으로 말하는 오프라인 수업 도구, 즉 준비물입니다.

수업 중 '활동 방법'이나 '도구 사용법'에 시간을 많이 할애하면 수업 목표에 도달하기 위한 활동의 집중도가 떨어지기 마련입니다. 온라인 수업 툴이 익숙하지 않아 학생들이 우왕좌왕하는 경우도 많습니다. 그렇지만 학생들은 스마트 기기를 어린 시절부터 활용해 온 세대이기 때문에 몇 번만 연습하면 금방 익숙해집니다. 따라서 본격적으로 전개 단계에 들어가기 전에 학생들과 함께 그 시간에 배울 온라인 수업 툴을 먼저 익히도록 합니다.

이를 위해 필요한 URL 주소나 소프트웨어를 미리 실행시켜 놓을 수 있습니다. 교사는 학생들의 스마트 기기에 따라 수업 툴이 실행되는지 여부를 파악하여 모둠을 신속하게 배치하고 도와줄 수 있습니다. 만약 온라인 수업 툴이 없다면 수업 준비물을 하나씩 들어 화면에 보여 주는 방법도 있습니다. 도입 때 이런 활동들을 하면 학생이 중간에 준비물을 가지러 간다며 화면에서 사라지는 것을 방지할 수 있습니다.

지난 시간 복습 퀴즈 풀기

전 차시에서 배웠던 내용으로 구성한 퀴즈를 푸는 것도 도입으로 좋은 활동입니다. 그러면 교사는 학생들이 공부할 준비가 되었는지 오늘 배울 내용을 이해할 밑바탕을 가지고 있는지 알 수 있어 온라인 수업 격차 해소에 도움이 됩니다. 이때 퀴즈는 교사가 준비한 문제를 풀거나, 학생들이 전 차시의 정리 단계에서 만들어 둔 문제를 학생들에게 나누어 주고 풀게 할 수도 있습니다.

활동할 수 있는 도구로는 퀴즈앤, 멘티미터, 네이버 밴드의 퀴즈풀기 기능이 있습니다. 오프라인 준비물을 활용해도 됩니다. 교사가 준비한 문제를 화면으로 본 후, 학생들이 개인 화이트보드에 답을 써서 골든벨처럼 풀 수도 있습니다.

이렇게 3가지 중에 하나를 선택해서 도입을 꾸려 보세요. 온라인 실시간 수업이 '몇 교시'인지에 따라 도입의 모습을 아주 다양하게 구성할 수 있습니다. 아침 시간이나 연속적으로 쌍방향 수업이 이루어지는 시간이라면 몸을 움직이는 간단한 게임을, 수학이나 연차시 수업으로 본 차시에 전 차시 내용이 필요하다면 퀴즈를, 1교시나 점심시간 이후 첫 수업이라면 수업 준비물이나 온라인 수업 툴 사용 연습하기를 활용해 보세요.

전개 설계하기

수업의 전개 모습은 다양합니다. 따라서 방법보다는 수업을 전개할 때 고려해야 할 점 3가지를 알려 드립니다.

많은 활동을 넣지 마세요

교실 수업에서는 한 차시 수업에 최대 3개의 활동까지 구상합니다. 그렇지만 온라인 실시간 수업에서는 한 차시에 많은 활동을 하기 어렵습니다. 하나의 활동을 하면 시간이 다 가 버리는 경우도 있습니다. 인터넷 연결의 불안정함과 같은 예기치 못한 사건들이 도사리고 있기도 합니다. 그러니 꼭 학생들에게 필수적인 1~2가지 활동으로 수업을 구상하는 것이 좋습니다.

학생 참여형 수업을 한 가지 넣으세요

학생들이 수동적으로 선생님의 이야기를 듣고 적는 수업보다 학생들 간에 적극적으로 상호 작용할 수 있는 활동을 하는 것이 좋습니다. 토의·토론이나 역할극 수업, 소집단 활동으로 구상하여 학생들 스스로 의미를 구성할 수 있는 수업을 만들어 주세요.

학기말에 실시한 우리 반 설문 결과에 따르면, 학생들이 온라인 실시간 수업을 좋아하는 가장 큰 이유가 '친구들의 얼굴을 보고 함께 공부할 수 있어서'였습니다. 온라인 실시간 수업은 과제 해결형 수업과 다른 게 필요하다고 생각합니다.

학생들이 스스로 하는 활동으로 준비하세요

요즘 유행하는 모임이 있습니다. 일명 '줌 독서실'인데요. 같은 회의실에 모여서 그저 화면 안에 자신이 '공부하는 모습', '책 읽는 모습'을 보여 줍니다. '나 혼자' 할 때보다 '함께' 하니 더 열심히 할 수 있는 자극을 받는 것입니다. 학생들이 집에서 혼자 그림을 그리거나 글을 쓸 수도 있습니다. 하지만 화면 안에서 친구들이 열심히 하는 모습을 보면 함께 교실에서 공부하는 것처럼 느껴질 겁니다. '친구들이 열심히 하니 나도 열심히 해야지!'라는 마음도 갖게 됩니다. 이때 교사의 애정 어린 칭찬이 더해진다면 금상첨화겠죠?

정리 설계하기

'교사가 잘 가르쳤다.'와 '학생이 잘 배웠다.'가 같은 말이 되게 하는 것이 수업 설계 중 가장 중요한 부분입니다. 저는 '정리' 단계가 수업의 백미라고 생각합니다. 이 성공적인 수업 설계의 문으로 들어가기 위해 다음 3가지 방법을 제시합니다.

성찰 쓰기

구성주의에서는 학생들 스스로 배움의 의미를 구성하는 것을 중요하게 생각합니다. 성찰 쓰기도 마찬가지입니다. 단순히 알게 되거나 느낀 점을 넘어 학생들 스스로 수업을 돌아보면서 본인을 주체로 하여

'이 배움'이 어떤 의미를 가지는지, 나의 미래에는 어떤 영향을 끼칠지를 생각하면서 쓰는 것입니다. 단순히 '수업이 재미있었다.'를 넘어 진로와 연계할 수도 있습니다. 자신의 생활에 영향을 끼칠 수 있는 것을 찾아 쓰는 것이지요. 교사는 본 수업과 연계되어 성찰할 관점을 제시할 수도 있고, 학생들이 자유롭게 쓰게 할 수도 있습니다.

그 후 자신의 성찰을 다른 친구들과 공유할 수 있도록 합니다. 사진을 찍어 학급 플랫폼에 업로드하거나, 소회의실에서 친구와 함께 서로 이야기를 나누는 방법이 있습니다.

서로 가르치기

학습 피라미드learning pyramid를 아시나요? 공부한 내용을 친구들에게 가르칠 때 학습 내용을 더욱 잘 기억한다는 것인데요. 학생들은 교사가 가르치는 것보다 친구들이 알려 주는 내용을 더 쉽게 이해합니다. 오늘 배움의 순서를 이야기하며 교사는 화면에 핵심 단어를 띄우고, 학생은 소회의실에서 2명씩 짝을 이뤄 핵심을 서로 가르칩니다. 전개 단계에서 이해하지 못한 친구들도 다른 친구들의 가르침으로 배움을 공고히 할 수 있습니다.

문제 만들기

학생들이 오늘 배움을 생각하면서 스스로 문제를 만들어 봅니다. 패들렛이나 학급에서 사용하는 플랫폼에 올려진 교사의 게시글에 댓글을 달며 문제를 출제합니다. 앞서 도입 단계에서 언급했듯이 이 문제는 다음 차시의 도입 '퀴즈 풀기'로 활용할 수 있습니다. 바로 상호 간 문제 풀이를 진행해도 좋습니다. 이때 교사는 학습에 어려움을 겪는 학생에게 개별 피드백을 해 줍니다. 혼자 문제를 만드는 것이 익숙하지 않다면 '짝과 문제 만들기'나 '모둠별 문제 만들기'를 해도 좋습니다. 문제를 만들면서 서로 한 번 더 공부할 수 있습니다.

블렌디드 수업 설계 예시

단원	6. 정보와 표현 판단하기		
배움 주제	뉴스 계획하기		
방법 (V표시)	**내용**	**온라인 도구**	**오프라인 도구**
도입 ☐ 신체 게임하기 ☐ 학습 도구 확인하기 ■ 복습 퀴즈 풀기	- 뉴스의 짜임 - 뉴스 만드는 과정	■ 퀴즈앤	
전개 - 활동은 1~2개 - 토의/역할놀이/ 소집단 - 자기 주도적 활동	활동 1: 뉴스 원고 쓰기 활동 2: 뉴스 리허설 하기	■ 줌 (소회의실) ■ 구글 문서 (모둠별로 다른 링크 주기) → 주소 정리	
정리 ■ 배움 성찰 쓰기 ☐ 서로 가르치기 ☐ 문제 내기	성찰 관점: 다음 시간 우리 모둠이 뉴스 발표를 성공적으로 하기 위해 내가 준비하고 노력해야할 점은?	■ Band 댓글 (사진 찍어 올리기)	■ 배움공책

이렇게 도입, 전개, 정리에 따라서 할 수 있는 방법을 3가지씩 정리 했습니다. 다음 표는 온라인 수업 설계를 10분 안에 할 수 있는 틀입니다. 진행해야 할 수업을 간단하게 설계해 보세요.

단원				
배움 주제				
	방법 (V표시)	내용	온라인 도구	오프라인 도구
도입	□ 신체 게임하기 □ 학습 도구 확인하기 □ 복습 퀴즈 풀기			
전개	- 활동은 1~2개 - 토의/역할놀이/ 소집단 - 자기 주도적 활동			
정리	□ 배움 성찰 쓰기 □ 서로 가르치기 □ 문제 내기			

온라인 수업 참여도
높이는 법

    온라인 수업을 할 때 어떤 점이 가장 어려우신가요? 아마 많은 선생님이 학생들의 낮은 수업 참여도를 이야기하실 것입니다. 교실에서는 교사가 학생들의 모습을 직접 관찰하고 참여를 유도할 수 있지만, 온라인 수업에서는 그만큼 세세한 관찰과 지도가 어려운 것이 현실입니다. 결국 온라인 수업의 참여도는 학생들의 재량에 맡겨지게 되고, 이는 학습 격차 확대라는 문제로 연결되고 말죠.

    그렇다면 온라인 수업에서도 학생들이 적극적이고 주도적으로 수업에 참여할 수 있게 하는 방법은 무엇일까요? 온라인 수업 참여도를 높이기 위해서는 오프라인 수업보다 더 세세한 활동과 장치들이 필요합니다. 그럼 지금부터 아이들이 집에서도 스스로 수업에 적극적으로 참여하는 방법을 공개하겠습니다.

배움공책 정리하기

배움공책 쓰기

온라인 수업은 주로 수업 영상 콘텐츠 또는 실시간 온라인 수업을 통해 진행됩니다. 수업 영상을 통해 학습하는 경우 멍하니 영상을 시청하거나 제대로 시청하지 않는 문제가 생깁니다. 실시간 온라인 수업은 수업 중에 다른 행동을 하는 문제를 낳기도 합니다. 온라인 수업에서 학생들이 주도적으로 참여할 수 있도록 도와주는 방법은 배움공책을 정리하는 것입니다.

배움공책은 형태를 다양하게 만들 수 있는데, 학생들이 배운 내용을 스스로 정리해 볼 수 있는 부분(성찰)과 하루/한 차시의 배움을 되돌아볼 수 있는 내용(배움 내용) 칸은 꼭 넣는 것을 추천합니다.

배움공책 예시

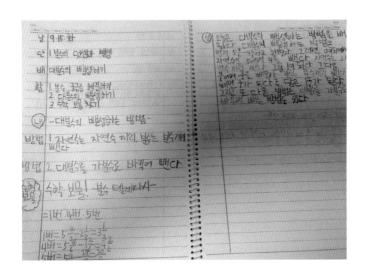

배움공책 공유하기

아이들이 열심히 정리한 배움공책을 점검하고 공유하는 과정이 꼭 필요합니다. 학급별 상황에 알맞은 시기와 방법에 따라 선생님의 확인이나 배움공책의 공유가 이루어지면 아이들은 좀 더 적극적으로 배움공책을 작성하게 되고, 온라인 수업에의 참여도도 올라가게 됩니다.

배움공책 점검 주기 및 방법 예시

점검 주기	매일 오후 종례 때, 일주일 1회, 등교일마다 등
점검 방법	- 등교하는 날 선생님이 수합 후 점검 - 공책 내용 사진 찍어서 e학습터 또는 패들렛에 올리기 - 줌에서 보여 주기 - 등교일에 배움공책 전시회를 통해 스티커 투표하기(상호 평가)

'수학보물'을 활용한 형성 평가 실시하기

온라인 수업에서 학습 부진이 가장 많이 일어나고 학습 격차가 커지는 과목 중 하나가 수학입니다. 따라서 수학은 매시간 형성 평가를 실시하여 학생들의 이해도와 참여도를 점검할 필요가 있습니다. 하지만 매시간 문제를 풀면 학급의 절반 정도는 평생 수학을 싫어하게 될 수도 있습니다. 재미와 평가 두 마리 토끼를 잡는 방법이 바로 '수학보물 찾기'입니다.

수학보물이란?

수학보물 아이디어는 우리 생활 곳곳에 수학이 보물처럼 숨어 있다는 생각에서 출발했습니다. 먼저 수학 수업 첫 시간에『수학에 빠진 아이』(미겔 탕코 글·그림, 마음별)라는 동화책을 읽어 주었습니다. 수학에 대한 관심을 유발한 뒤, 수학 시간마다 숨겨진 수학보물들을 찾아보자고 제안했습니다. 수학에 대한 흥미와 관심을 높이고 형성 평가도 실시할 수 있는 방법입니다.

수학보물 유형

수학보물은 배움 내용에 따라 여러 가지 형태로 나타날 수 있습니다. 단, 아이들이 그저 '수학 문제 풀기'라고 느끼지 않도록 생활과 수학을 연결 지을 수 있는 내용이나 재미있게 해결할 수 있는 문제로 구상합니다.

◆ 생활 속에서 찾는 수학보물 ◆

온라인 수업의 장점은 학생들이 직접 자유롭게 검색할 수 있다는 것과 집 안의 환경을 활용할 수 있다는 것입니다. 다음 2가지 수학보물은 이러한 온라인 수업의 장점을 활용하여 실생활 속에서 배움 내용을 찾아보도록 한 형성평가입니다.

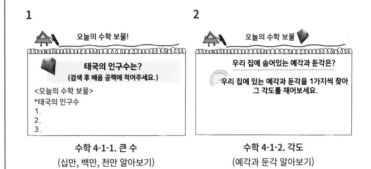

1

오늘의 수학 보물!

태국의 인구수는?
(검색 후 배움 공책에 적어주세요.)

<오늘의 수학 보물>
*태국의 인구수
1.
2.
3.

수학 4-1-1. 큰 수
(십만, 백만, 천만 알아보기)

2

오늘의 수학 보물

우리 집에 숨어있는 예각과 둔각은?

우리 집에 있는 예각과 둔각을 1가지씩 찾아
그 각도를 재어보세요.

수학 4-1-2. 각도
(예각과 둔각 알아보기)

1. 십만, 백만, 천만을 알아본 후에 실생활에서 큰 수가 활용되는 사례인 국가의 인구를 직접 검색해 보았습니다. 수학 배움을 마친 후, 아이들이 직접 포털 사이트에 태국의 인구수를 검색하며 수학보물을 찾았습니다.

2. 예각과 둔각을 알아본 후에는 집에서 예각과 둔각이 어디에 있는지 직접 찾아보았습니다.

이러한 활동들을 통해 아이들은 수학이 우리 생활 곳곳에 보물처럼 숨어 있다는 것을 느끼게 됩니다.

◆ 내가 만드는 수학보물 ◆

많은 학생이 수학은 답이 정해져 있다고 생각합니다. 하지만 결과값은 동일하더라도 결과에 이르는 방법은 다양할 수 있습니다. 도형과 측정 영역에서는 자신만의 생각을 뽐낼 기회도 많습니다. 이러한 영역별 특성을 바탕으로 아이들이 배움 내용을 활용하여 자신의 개성을 뽐낼 수 있는 수학보물도 제공할 수 있습니다.

수학 4-1-2. 각도
(각 그려 보기)

수학 4-1-4. 평면도형의 이동
(무늬 꾸미기)

이 유형의 수학보물을 제시한 경우 가장 중요한 것은 다음 수업 시간에 학생들의 작품을 소개하는 것입니다. 학생들이 게시한 작품들을 살펴보고, 눈에 띄는 특징이 있거나 완성도가 높은 작품 등 소개할 만한 작품을 고릅니다. 이 작품들을 다음 시간 영상의 앞부분에 넣거나 실시간 온라인 수업을 시작할 때 보여 주면 다음 수학보물 활동에는 아이들이 더 열심히 참여하게 됩니다.

시계 방향으로 90° 돌리기

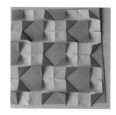

오른쪽으로 뒤집기

◆ 문제 해결 수학보물 ◆

수학은 교과 특성상 연습이 필요한 경우가 있습니다. 이럴 때는 학생들의 이해도를 정확히 측정해야만 합니다. 학생들의 재미와 이해도 점검이라는 두 마리 토끼를 잡기 위해서는 놀이 요소를 넣어 다음과 같은 수학보물을 활용할 수 있습니다.

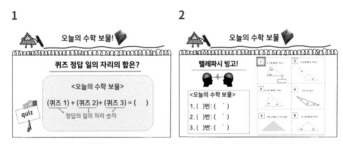

수학 4-1-3. 곱셈과 나눗셈   수학 4-1-3. 곱셈과 나눗셈

1. '퀴즈앤쇼'라는 플랫폼에서는 재미있는 플래시로 학생들이 흥미롭게 문제를 풀 수 있도록 화면을 제공해 줍니다. 차시 형성 평가로 퀴즈앤쇼에 3문제를 출제하고, 3문제의 정답에서 일의 자리를 각각 더한 수가 얼마인지를 수학보물로 제시했습니다. 이 수학보물을 찾기 위해서는 3문제를 모두 풀어야만 하는 것이죠.

2. '텔레파시 빙고'는 주어진 6개의 문제 중 3문제만을 골라 해결한 후 정답을 올리는 방식입니다. 배움공책에 내가 선택한 문제의 번호와 그 문제의 정답을 적어 둡니다. 다음 수업 시간을 시작할 때 선생님이 고른 3개의 문제 번호를 공개하고, 선생님과 2개 이상 번호가 같은 친구는 텔레파시가 통했으므로 보상을 받을 수 있습니다. 원하면 6개를 다 해결해도 좋다고 안내합니다. 학생들이 자진해서 수학 문제를 열심히 해결하는 모습을 볼 수 있습니다.

함께 내고 맞히는 국어 퀴즈

국어 시간에는 읽을거리도, 쓸거리도 많습니다. 교실에서는 함께 돌아가며 읽는 방법 등을 통해 재미있게 이야기를 읽을 수 있습니다. 이야기에 대한 골든벨 퀴즈도 할 수 있고요. 하지만 온라인 수업에서는 이러한 활동이 어려워서 아쉬움이 많습니다. 다음은 국어 교과서의 지문을 읽은 후에 활용하면 좋은 활동입니다.

국어 퀴즈 출제하기

① 학생들이 국어 교과서 지문을 읽고 이야기에 대한 퀴즈를 3개씩 출제합니다.

② 만든 퀴즈와 정답은 교사가 제공한 네이버폼이나 구글 설문지를 통해 제출합니다.

③ 교사는 학생들이 제출한 퀴즈와 정답을 모아 인쇄해 둡니다.

④ 오후 종례 시간이나 다음 국어 시간에 학생들이 낸 퀴즈 중 몇 개를 뽑아 소개합니다.

⑤ 퀴즈를 낸 친구와 정답을 맞힌 친구에게 별점(학급 보상)을 줍니다.

참여도 점검 및 보상하기

아이들의 참여를 끌어 낼 수 있는 가장 효과적인 방법은 뭐니 뭐니 해도 보상입니다. 약속한 시기마다 점검을 하여 배움공책을 꾸준히 작성한 친구들, 과제를 빠짐없이 제출한 친구들, 온라인 학습에 적극적으로 참여한 친구들에게는 아낌없는 칭찬과 보상을 주세요. 뿌듯함과 기쁨이 배가될 거예요.

하지만 모든 학생의 과제를 점검하는 것은 교사에게 쉽지 않은 일입니다. 학생들이 자신의 참여도를 스스로 확인할 수 있고 교사도 한눈에 점검할 수 있는 방법은 바로 패들렛을 이용하는 것입니다. 학생들이 패들렛에 자신의 과제를 제출하게 하면 학생들의 결과물을 한눈에 확인할 수 있습니다.

과제물 패들렛 만드는 법

① 패들렛을 만듭니다.

② '타임라인'을 선택합니다.

③ '+'를 눌러 학생 번호와 이름을 입력합니다.

④ 학생 번호와 이름 아래에 학생의 다짐 한마디를 적습니다.

⑤ 자신의 과제물을 추가해서 올립니다.

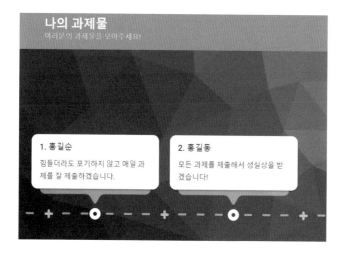

온라인에서
모둠 만드는 법

온라인에서도 수업의 효과를 높이기 위해서는 모둠 활동이 필요합니다. 하지만 처음 접해 보는 온라인 플랫폼에서 모둠 만들기란 쉽지 않습니다. 비대면 상황에서 어떻게 모둠을 만들 수 있을까요? 온라인 플랫폼의 다양한 기능을 활용하면 온라인에서도 쉽게 모둠을 만들 수 있습니다.

모둠 구성 방법에 따른 장점과 단점

모둠을 구성하는 방법은 다양하며, 그 방법에 따라 장·단점이 분명합니다.

방법	장점	단점
교사 주도의 모둠 구성	- 모둠 활동의 결과물의 차이가 적다. - 짧은 시간에 구성할 수 있다.	- 학생들이 불만을 가질 수 있다.
학생 주도의 모둠 구성	- 학생들의 만족도가 높다. - 모둠 내 갈등이 적다.	- 소외되는 학생이 생길 수 있다. - 시간이 오래 걸린다.
무작위 모둠 구성	- 공평하다고 생각하여 학생들의 불만이 적다. - 짧은 시간에 구성할 수 있다.	- 모둠 활동 결과물의 차이가 생길 수 있다.

모둠을 어떻게 구성하느냐에 따라 장·단점이 다르기 때문에 학급의 실태와 모둠 활동의 목표가 무엇인지를 고려하여 결정하는 것이 좋습니다.

교사 주도의 모둠 구성 방법

교사가 학생의 특성과 교우관계 등을 고려하여 모둠을 결정하고 제시하는 방법입니다. 저학년이나 모둠 활동 차시가 6차시 이하로 짧은 경우에는 교사가 주도적으로 구성하는 것이 좋습니다. 실시간 쌍방향 수업 플랫폼인 줌의 소회의실 기능을 활용하면 빠르게 모둠을 구성할 수 있고, 바로 모둠 활동도 할 수 있어 편리합니다.

줌에서 소회의실 기능 활성화하기

① zoom.us 홈페이지에 접속합니다.

② 로그인 후 우측 상단의 '내 계정'을 클릭합니다.

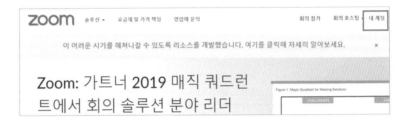

③ '개인-설정-회의중(고급)'을 클릭합니다.

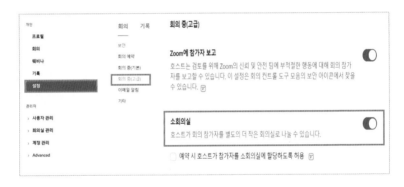

④ 소회의실 기능을 활성화시킵니다.

줌에서 소회의실 열기 - 수동 선택하기

① 줌에서 '새 회의'를 엽니다.

② 우측 하단의 '더 보기-소회의실'을 클릭합니다.

③ 모둠 수를 입력합니다.

④ '수동으로 할당-만들기'를 클릭합니다.

⑤ 학생 이름을 옮겨 가며 모둠을 구성합니다.

학생 주도의 모둠 구성 방법

학생이 스스로 모둠을 구성하는 방법입니다. 고학년이나 모둠 활동 차시가 6차시 이상으로 긴 경우에는 학생들이 주도적으로 구성하는 것이 좋습니다. 학생들의 갈등과 불만을 최소화할 수 있지만 소외된 학생이 발생할 수 있고, 유의미한 성과를 이끌어 내지 못할 수 있습니다. 이

문제를 해결하기 위해서는 교사의 의도와 학생의 희망을 모두 고려해야
합니다. 두 마리 토끼를 모두 잡을 수 있는 몇 가지 방법을 소개합니다.

방법 1. 줌 주석 기능 활용하기

줌에는 화면에 필기를 할 수 있는 주석 기능이 있는데, 이 주석 기능
을 활용하여 모둠을 구성하면 편리합니다.

① 교사가 모둠 구성 활동지를 준비합니다.

② 교사는 활동지 화면을 공유하고, 화면이 공유된 후 '보안-공유 콘
텐츠에 대한 주석 작성'을 활성화시킵니다.

③ 학생은 화면을 한 번 누르면 나오는 '펜 모양'을 클릭하여 원하는 모둠에 자기 이름을 씁니다.

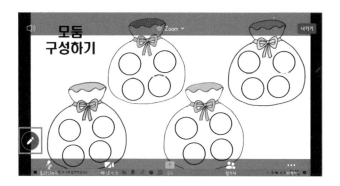

④ 기록합니다.

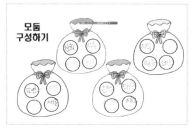 

방법 2. 모둠원이 모둠장 따라가기(패들렛 활용)

학생에게 선택권을 열어 두되 모둠별 수준차를 줄이기 위해 모둠장을 선출합니다. 패들렛을 활용하면 쉽게 구성할 수 있습니다. 아이들이 직접 함께 하고 싶은 모둠장을 선택하는 방법입니다.

① 모둠장을 자천 또는 추천으로 선출합니다.

② 모둠장은 패들렛에 자신의 이름과 공약을 적습니다.

③ 다른 학생들은 모둠장의 공약을 보고, 함께 활동하고 싶은 모둠장 밑에 댓글을 답니다.

패들렛 만들기

① padlet.com에 접속합니다.

② 'padlet 만들기'를 클릭합니다.

③ '담벼락'을 선택합니다.

댓글 허용하기

① 우측 상단의 '수정(톱니바퀴)'을 클릭합니다.

② '댓글' 기능을 활성화시킵니다.

공유하기

① 우측 상단의 '공유'를 클릭합니다.

② 원하는 공유 방법을 선택하여 공유합니다.

활동 사진

방법 3. 모둠장이 모둠 구성원 데려가기(패들렛 활용)

방법 2와 반대로 모둠장이 모둠 구성원을 데려오는 방법입니다. 모 둠장에게 모둠원을 구성할 수 있는 권한을 주면 책임감을 가지고 모둠 활동을 이끌어 나갑니다.

① 모둠장을 자천 또는 추천으로 선출합니다.

② 교사는 화면을 공유하여 남은 친구들의 이름을 보여 줍니다.

③ 각 모둠장은 함께 활동하고 싶은 구성원을 한 명씩 번갈아 가며 데려옵니다.

④ 교사는 학생들의 의견을 정리해서 제시하는 역할을 합니다.

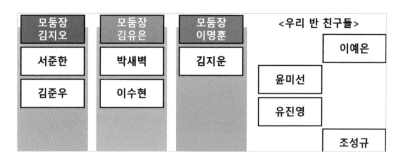

무작위 모둠 구성 방법

구성 시간도 짧으면서 공평하게 구성되어 불만이 적은 무작위 구성 방법입니다. 모둠 구성원을 예측할 수 없기 때문에 가장 가슴이 두근두근한 방법입니다. 모둠 활동 차시가 6차시 이하로 짧은 경우, 혹은 모둠 활동의 난이도가 어렵지 않은 경우에 추천합니다. 예상치 못한 갈등을 겪을 수도 있지만 학생들은 모둠 안에서 새로운 역할을 경험하고 몰랐던 재능을 발견하게 될 수도 있습니다.

방법 1. 줌 소회의실 무작위 구성

소회의실을 만들 때 무작위(자동)로 구성하는 방법이 있습니다.

줌에서 소회의실 열기 - 학생이 모둠 선택하기

① 줌에서 '새 회의'를 엽니다.

② 우측 하단의 '더 보기-소회의실'을 클릭합니다.

③ 모둠 수를 입력합니다.

④ '자동으로 할당-만들기'를 클릭합니다.

※ '참가자가 소회의실을 선택하도록 허용'은 참가자가 모둠을 선택하여 들
   어갈 수 있는 기능이지만 모둠 내에 누가 있는지 알 수 없으며 균등한 인
   원수로 분배하기 어렵다는 단점이 있습니다.

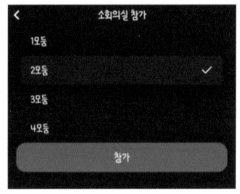

'참가자가 소회의실을 선택하도록 허용'했을 때 학생의 화면

방법 2. 모둠 뽑기 프로그램

무료로 활용할 수 있는 모둠 뽑기 사이트도 있습니다. 무작위로 뽑히는 과정을 학생들이 직접 볼 수 있기 때문에 조작(?) 의혹에서 벗어날 수 있습니다. 사용법이 간단한 '모두의 뽑기 대장(classtrip.mireene.com)' 사이트를 추천합니다.

모두의 뽑기 대장

모둠 인원과 모둠 개수를 설정하고 번호 또는 이름을 입력한 후 '1. 모둠 만들기', '2. 모둠 뽑기'를 순서대로 클릭만 하면, 긴장되는 효과음과 함께 모둠이 정해집니다.

회원 가입을 하지 않아도 이용할 수 있으며, 가입을 하면 모둠 뽑기 결과를 저장하여 기록해 둘 수도 있습니다. 그 밖에도 랜덤 뽑기, 사다리 타기, 자리 뽑기 등 다양한 뽑기 기능이 있으니 활용해 보세요.

방법 3. 찰떡궁합 모둠 찾기(패들렛 활용)

재미있는 활동으로 나의 모둠을 찾아가는 방법도 있습니다. 나와 공통점이 있는 모둠원들을 만나면 유대감이 생깁니다. 이는 모둠 활동에 동기 부여가 됩니다.

① 주제를 하나 정하고, 구성할 모둠 수만큼의 선택형 답지를 준비합니다.

② 똑같은 답을 선택한 학생은 한 모둠이 됩니다.

③ 모둠별로 인원수가 다르게 나올 수 있으므로 인원수를 조정합니다.

활동 사진

모둠 단단하게 만드는 법

온라인이든 오프라인이든 단단한 모둠을 만들기 위해서는 모둠 세우기가 필요합니다. 모둠 세우기는 모둠 활동에 들어가기 전에 모둠의 유대감과 소속감을 높여 모둠 활동의 질을 높이는 과정입니다. 모둠에 소속감을 가진 아이들은 책임감과 주인의식을 가지고 모둠 활동에 참여할 수 있습니다. 그렇다면 온라인으로만 소통하는 학생들에게 어떻게 하면 모둠에 소속감을 갖게 할 수 있을까요?

방법 1. 모둠 서약서 배경 만들기

학급이 처음 세워지면 학급 규칙을 세우듯이 모둠도 마찬가지로 모둠 내 규칙을 정하면 좋습니다. 모둠 안에서 지켜야 하는 규칙을 이야기하며 모둠원의 성격을 파악하고 규칙을 지키기 위한 마음을 다집니다. 서약서 실물이 눈에 보이지 않아도 규칙을 잘 지킬 수 있도록 줌의 배경을 서약서로 바꾸는 것도 좋습니다.

① 소회의를 통해 모둠 서약서 내용을 토의하고 한 명이 도화지에 기록합니다.

② 기록한 학생이 사진을 찍어 모둠 구성원과 공유합니다.

③ 가상 배경 화면을 바꿉니다.

가상 배경 바꾸는 방법

① 우측 하단의 '더 보기'를 클릭합니다.

② '가상 배경'을 클릭합니다.

적용한 결과

방법 2. 모둠 이름 정하고 대화명 바꾸기

소속감을 느끼게 하는 가장 간단한 방법은 모둠의 이름을 정하는 것입니다. 줌에서도 모둠별로 이름을 정해 대화명을 바꿀 수 있습니다. 이렇게 바꿔 놓으면 학생 이름 뒤에 오는 모둠 이름으로 모둠을 쉽게 구별할 수 있기 때문에 교사도 편합니다.

① 소회의를 통해 모둠 이름(또는 이모티콘)을 정합니다.

② 줌의 대화명을 바꿉니다. (예: 광개토대왕[고구려 모둠], 김홍도[조선 모둠], 을지문덕[고구려 모둠], 김정희[조선 모둠], 장수왕[고구려 모둠], 장영실[조선 모둠])

교사 학생이 대화명을 바꿀 수 있도록 허용하기

① 줌 컨트롤 창의 '보안'을 클릭합니다.

② '스스로 이름 바꾸기' 기능을 활성화시킵니다.

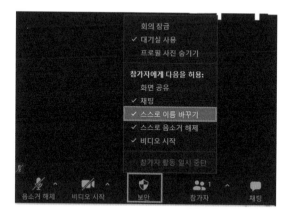

대화명 바꾸기

① 줌 컨트롤 창의 '참가자'를 클릭합니다.

② 이름 옆 화살표를 클릭합니다.

③ '이름 바꾸기'를 클릭합니다.

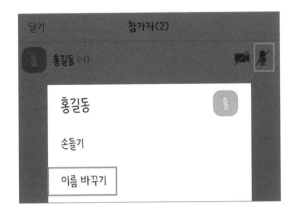

적용한 결과

방법 3. 친교 활동하기

학년 초에 학생들이 아직 친해지기 전이거나 긴 차시의 모둠 활동을 할 때 다양한 친교 활동을 하면 도움이 됩니다. 온라인에서도 즐길 수 있는 재미있는 놀이 활동을 소개합니다.

텔레파시 그림 맞추기

① 소회의실을 엽니다.

② 모둠장이 화이트보드 화면을 공유합니다.

③ 순서대로 돌아가며 주어진 시간동안 그림을 그립니다.

④ 나머지 사람들은 정답을 맞힙니다.

숨은 그림 찾기 / 다른 그림 찾기

① 전체 회의실에서 모둠의 순서를 정합니다.

② 교사는 숨은 그림 찾기 / 다른 그림 찾기 도안을 화면 공유합니다.

③ 모둠별로 주석 기능을 이용하여 숨은 그림 / 다른 그림을 찾습니다.

④ 교사는 걸린 시간을 측정합니다.

온라인으로
독서 지도하는 법

코로나 사태로 인해 아이들이 집에서 보내는 시간이 많아졌습니다. 이 위기를 기회로 삼는 방법은? 바로 독서입니다. 온라인 수업으로 책을 읽을 시간이 많이 생겼지만 오히려 아이들의 독서량은 줄어들었습니다. 아이들은 "읽을 책이 없다.", "스마트폰이 더 재미있다." 등 다양한 이유로 독서와 점점 멀어지고 있습니다.

코로나로 학교 도서관 및 지역 도서관에서도 대출이 어려운 상황입니다. 학급문고도 소독하기 어렵다는 이유로 운영되지 않습니다. 이 상황에서 독서 교육을 어떻게 할 수 있을까요? 보이지 않는 화면 너머의 아이들에게 독서라는 소중한 습관을 만들어 주기 위해 어떤 노력을 할 수 있을까요?

집에 있는 시간이 많은 아이들이 독서를 하고 싶게, 나아가 습관으로 만들 수 있게 돕는 것이 중요합니다. 아이들의 동기를 유발하기 위해서는 독서의 중요성 및 필요성에 관해 나누는 시간이 필요합니다. 선생님이나 부모님의 권유에 의해서가 아니라 스스로 독서의 중요성을 느끼고 선택하도록 하는 게 포인트죠. 아이들은 친구들과 독서의 효과를 찾아보고, 실제 독서 습관을 갖추어 성공한 사람들의 사례 등을 통해 동기를 갖게 됩니다. 그리고 실제 책을 읽으며 독서의 즐거움까지 경험한다면, 어느새 아이들은 집에서도 스스로 책을 꺼내들게 될 것입니다.

영상 매체에 익숙한 요즘, 아이들의 평균적인 문해력이 점점 하락하고 있습니다. 문해력을 기르려면 읽기가 습관이 되어야 합니다. 읽으면 읽을수록 문해력이 길러지고 재미를 느끼게 됩니다. 읽어야 능력이 길러지고, 능력이 길러져야 더 읽게 되는 것이죠. 그래서 일단 책을 읽기 시작하는 것이 중요합니다.

처음 책에 재미를 붙이기 위해서는 독서 자체의 이미지를 즐거움으로 느끼도록 도와주어야 합니다. 즐겁게 느끼기 위해서는 책을 읽는 과정뿐만 아니라 읽고 나서 이야기를 나누고 공감받는 과정이 필요합니다. 어제 본 드라마 이야기로 친구와 신나게 떠든 경험처럼 말이죠.

먼저 재미있는 책 선정하기, 그리고 즐겁게 이야기 나누기로 시작합니다. 이 과정을 반복한 다음에는 꾸준히 할 수 있게 장치들을 마련해야 합니다. 독서 교육의 목표는 다양한 활동과 장치로 아이들 스스로 책을 찾을 수 있도록 돕는 것입니다.

상황별 추천 독서 지도 방법

블렌디드 수업에서 활용한 2가지 독서 지도 방법을 소개합니다.

거리두기 2.5단계 이상 : 전면 온라인 수업 시

전면 온라인 수업 시 아이들과 할 수 있는 독서 지도 방법으로 추천하는 것은 '온 작품 읽기'입니다. 국어 시간과 조례·종례 시간을 활용하여 아이들과 함께 책을 읽습니다. 줌이나 쌍방향 수업 플랫폼에서 학생들이 문장이나 문단을 번갈아서 읽고, 함께 독서 수다를 나눕니다.

요즘 학교 도서관에서는 학년별로 '온 작품 읽기' 추천 도서를 지원해 줍니다. 학습준비물 꾸러미와 함께 책 1권을 보내 온 작품 읽기를 시작해 보는 것은 어떨까요? 블렌디드 수업 중 우리 반 학생 모두가 가지고 있는 책 1권이 있다면 교사는 이를 수업 및 독후 시간의 훌륭한 소재로 삼아 다양한 활동을 전개할 수 있겠지요. 모두 함께 같은 책을 읽는다는 유대감도 더불어 얻을 수 있습니다.

독후 활동은 국어 시간을 활용하여 깊이 있게 진행하고, 종례 때 꼭 10분을 함께 읽고 마치기를 추천합니다. 운동이나 독서 등 막상 하면 재미있고 뿌듯한 활동들은 시작이 어려워서 꾸준히 하지 못하는 경우가 있습니다. 일단 시작하기가 중요합니다. 종례 때 10분 읽었던 책의 뒷내용이 궁금해져서 아이들은 종례가 끝나고도 책 읽기를 멈추지 않고 20분, 30분 이어 나가게 됩니다.

다음으로 추천하는 방법은 '그림책 읽어 주기'입니다. 책이 선생님에게만 있어도 읽어 줄 수 있고, 그림은 온라인상으로도 충분히 보여 줄 수 있다는 장점이 있습니다. 미리 사진을 찍어 PPT로 보여 주며 읽어 줄 수도 있고, 핸드폰이나 실물 화상기를 활용하여 직접 넘기며 읽어 줄 수도 있습니다.

그림책을 활용하면 대부분 길이가 짧기에 다른 책들에 비해 비교적 금방 읽어 줄 수 있고, 아이들도 흥미를 느끼며 몰입할 수 있다는 장점이 있습니다. 아이들은 그림책을 읽고 난 뒤 나누는 이야기와 활동을 통해 책 내용을 주제로 수다 떠는 경험을 할 수 있습니다. 이때 선생님은 그림책으로 주고 싶은 메시지를 강조하기보다 아이들이 생각을 충분히 나누는 장을 마련해 주는 선에서 머무는 것을 추천합니다. 교사가 책 내용으로 교훈을 전하는 것보다 아이들이 책과 친해지는 것이 먼저이기 때문이죠.

요즘은 영상 미디어 시대다 보니 책의 광고나 소개가 북 트레일러로 많이 만들어집니다. 북 트레일러는 영화 예고편 같은, 책 내용을 예고하는 짧은 영상입니다. 책에 대한 흥미를 높여 호기심을 유발하고 읽고 싶게 만드는 효과가 있습니다. 온라인 수업에서는 아이들에게 북 트레일러를 활용하여 책에 대한 흥미를 높이고, 북 트레일러를 보고 나서 뒷이야기 상상해 보기 등의 활동을 진행해 보세요. 내가 읽은 책, 우리 반에서 함께 읽은 책을 북 트레일러로 만들어 보는 것도 책을 깊이 있게 살피고, 책에 대한 애정을 높이는 데 큰 도움이 됩니다.

책을 많이 빌릴 수 없는 상황에서도 무료로 볼 수 있는 책이 꽤 많습니다. 책을 구하기 어려운 아이들을 위해 전자 도서관을 활용하는 방법을 자세히 지도할 필요가 있습니다. 줌 수업 시간에 선생님이 전자 도서관 사이트에 가입하는 방법을 직접 보여 주고, 학생들이 가입하는 시간을 마련해 봅시다. 다만, 실제로는 도서관에 방문하여 회원증을 만들어야 하니 먼저 집에서 가까운 도서관을 방문하는 것을 미션으로 내주도록 합니다. 학기 초에 아이들에게 '도서관 대출증 만들어 오기'를 과제로 내주는 것도 좋은 방법입니다.

거리두기 1~2단계 : 2/3 등교 혹은 1/3 등교 시

코로나 바이러스가 종이에 머물 수 있는 시간은 24시간입니다. 이를 활용하여 2/3 등교나 1/3 등교 시 학교에 오는 날마다 책을 빌리고 돌려 볼 수 있게 하는 방법을 소개합니다.

'학급문고 돌려 읽기'는 선생님의 목적에 따라 책의 권수를 정할 수 있습니다. 아이들이 각기 다른 책을 보기 원한다면 '학생 수 × 2 + 10권'을 준비합니다. 모둠끼리 책의 내용에 관해 이야기하는 과정으로 진행하고 싶다면 책의 종류는 모둠 수만큼, 책의 권 수는 모둠원 수만큼 준비합니다. (예: 모둠이 6개이고, 모둠원 수가 4명일 경우 6종류의 책을 4권씩 빌려 모둠끼리 돌려 읽기로 진행합니다.)

① 아이들이 각기 다른 책을 보기를 원한다면 '학생 수 × 2 + 10권'만큼 학교 도서관을 이용해 학급문고 책으로 준비합니다. (반납하지 못하는 학생이 생기는 상황에 대비하여 예비용 책도 10권 정도 준비합니다.)

② 학생 수만큼씩 책을 A, B그룹으로 나눕니다. A그룹은 분홍색, B

그룹은 하늘색과 같이 2가지 색을 정해 포스트잇이나 색이 있는 마스킹 테이프 등을 붙입니다.

③ 붙인 종이에 1번부터 번호를 적습니다.

④ 학생들이 등교하는 날 A그룹 책을 나누어 주고, B그룹 책을 반납합니다. 다음 등교일에는 B그룹 책을 나누어 주고, A그룹 책을 반납합니다.

⑤ 처음에는 자기 번호에 해당하는 책을 받고, 그 후 같은 그룹의 책을 받을 때는 받았던 번호+1의 책을 받습니다.

⑥ 학생들 중에서 사서 선생님 역할을 정해 명렬표에 날짜별로 빌려 갔던 책과 반납 여부를 체크하고, 대여 및 반납 관리를 하게 할 수 있습니다.

※ 코팅된 책 표지의 경우 반납된 책은 표지를 소독해 줍니다. 혹은 3일 정도의 유휴 시간을 둡니다.

이 방법을 활용할 때 아이들의 독서 의욕을 높일 수 있는 것 중 하나는 다음에 이 책을 읽을 친구에게 메시지 남기기입니다. 책 전체의 내용에 스포일러가 될 수 있는 것은 최대한 적지 않되 자신이 감동받은 구절이나 추천평을 포스트잇에 적어 책에 붙여서 반납하는 것이지요. 실제로 우리 반에서 진행해 보니 독서록에 "책 읽기 전 포스트잇에 쓰여 있는 ○○의 말에 감동받았다. 읽기 전에 벌써 좋아졌다."라는 표현이 있었습니다. 아이들에게 친구가 추천해 준 책은 읽기의 시작에 큰 동기 부여가 되고 집중력과 의욕을 높입니다.

독서 지도에 도움이 되는 팁

몰입 독서 챌린지 활용하기

요즘 '챌린저'라는 애플리케이션부터 '미라클 모닝 챌린지'라는 도전에 이르기까지 도전하는 것에 흥미를 느끼고 자기 계발을 하려는 움직임이 더욱 활발해지고 있습니다. 사람이 몰입할 때 나오는 호르몬은 희열을 가져다주고 어떤 일을 습관으로 만드는 데 큰 역할을 합니다. 독서에서도 '도전'과 '몰입'을 활용한 '몰입 독서 챌린지'를 통해 아이들이 독서에 푹 빠질 수 있는 시간을 마련해 주는 것은 어떨까요?

먼저 몰입 독서를 하기 위해서는 선생님의 의지가 필요합니다. 쌍방향 수업 도구를 활용하여 매일 아침 8~9시 혹은 토요일 오전 9~11시 등 몰입하기 위한 시간과 약속을 정합니다. 이때 참여하는 학생들은 접속해서 화면을 켜 두고 독서를 합니다. 함께하고 있다는 든든함과 소속감부터 독서에 몰입하는 경험, 도전하고 해냈다는 성취감까지 얻을 수 있습니다.

몰입 독서에 참여한 학생들에게는 '몰입 독서 참여 ○일째' 혹은 '몰입독서 ○시간째' 형식으로 누적해 나갈 수 있는 랜선 인증장을 주어 성취감을 높일 수 있습니다. 그리고 선생님이나 북지기(우리 반 1인 1역으로 몰입 독서 때 음악을 틀어 주거나, 참여하는 학생들의 출결을 확인합니다.)를 맡은 학생이 집중이 잘되는 클래식이나 잔잔한 음악을 준비합니다. 참여하는 학생들은 각자 따뜻한 차나 음료수 등을 준비하여 만나도록 합니다. 작은 차이지만 '우리는 지금 북카페에서 몰입 독서 중'이라는 상황 설정을 하면 아이들이 더욱 즐겁게 참여합니다.

독서 계획하기

학생 스스로 독서 계획표를 세워서 실천하는 것도 좋습니다. 매일 달력에 독서 시간이나 읽은 장 수를 표시하거나, 습관 달력표를 만들어 매일 실천 여부를 ○,×로 표시합니다. 1년 동안 읽기로 목표한 책을 버킷리스트처럼 지워 나가는 방식으로도 독서 계획을 세워서 실천할 수 있습니다.

그 밖에 매일 아침 스스로 계획을 세울 때 읽을 책의 쪽 수나 책을 읽을 시간을 불렛저널 형식으로(예 : □ 빨간 머리 앤 30쪽 읽기) 적어 두고 체크하는 방법도 가능합니다. 방식은 다양하지만 공통점은 아이들이 독서에 목표와 방향성을 가지고 실천해 나가도록 돕는 장치라는 점입니다. 이를 통해 아이들이 성취감을 얻고 독서력을 신장시켜 나갈 것입니다.

누적하기

독서는 자산입니다. 그래서 독서통장이라는 방법으로 아이들의 독서 지도를 하시는 선생님이 많습니다. 블로그에 있는 '내 서재' 형식을 이용하여 학급문고에 있는 책 표지 이미지를 미리 모아 두고, 구글 프레젠테이션으로 자신만의 서재 꾸미기를 할 수 있습니다.

학급문고 슬라이드에는 아이들이 읽기 전의 책 표지들이 있습니다. 아이들에게 자신만의 서재 슬라이드를 만들게 한 뒤, 책을 읽고 나면 학급문고 슬라이드에 있는 책 표지를 복사해서 자신의 서재로 가져오게 합니다. 읽은 책이 쌓이는 것을 눈에 보이게 함으로써 성취감을 높이는 거죠. 이때 자신의 서재를 캡처하여 북월book wall이라 이름을 붙이고 줌 개인 배경 화면으로 사용하는 방법도 추천합니다.

온라인 독후 활동

독서 수다

독서 수다라는 이름을 붙여 책에 대한 이야기를 나눕니다. 독서 수다라는 말은 아이들이 독서를 조금 더 친근하게 만들어 줍니다. 먼저 아이들을 줌에서 만납니다. 무작위로 소모임을 구성하여 자신이 읽은 책에 관한 이야기를 나눕니다. (온 작품 읽기나 돌려 읽기로 같이 읽었던 책을 이야기하면 좋습니다.)

책에 관한 이야기를 나눌 때 아이들이 꼭 생각해 봤으면 하는 질문을 선생님이 정해 제시하기, 서로 마음에 들었던 부분이나 마음에 들지 않았던 부분 이야기하기, 등장인물 중 내가 ○○였다면 어땠을까 이야기하기, 제일 마음에 들었던 등장인물 이야기하기, 내가 작가였다면 결말을 어떻게 했을까 이야기하기, 작가가 우리에게 하고 싶은 말 이야기하기 등 다양한 주제를 주고 아이들이 고를 수 있게 합니다. 혹은 형식을 두지 않고 자유롭게 아이들이 하고 싶은 이야기를 하도록 수다의 장을 열어 주는 것도 좋겠죠?

아이들의 독서 수다를 지켜보면 삼천포로 빠지는 경우가 많습니다. 하지만 독서를 통해 자신의 경험을 떠올리고 이야기를 나누는 것 자체가 독서와 친근해지는 경험이고, 서로 공감할 수 있는 소재가 독서가 된다는 것이 의미 있습니다.

독서록 쓰기에서 강조하는 것 중 하나가 나만의 경험과 생각을 담는 것입니다. 그러기 위해서는 책의 내용에서 출발해 떠오른 나의 이야기를 나누는 과정이 필요합니다. 이 과정은 독서 수다 시간을 통해 채워집니다.

해시태그 달기

짧게, 직관적으로 핵심적인 내용을 전달하는 능력이 필요한 세상입니다. SNS에서 많이 사용하는 해시태그를 독서 활동에 활용해 봅니다. 한줄평이 식상한 아이들에게 한 단어로 내가 읽은 책을 말해 보는 활동을 추천합니다. 학급 홈페이지나 밴드에 우리 반에서 함께 읽은 책 혹은 독후 활동을 함께 할 책을 올리면 아이들이 댓글이나 게시물 수정 기능을 활용하여 #을 붙이고 몇 가지 키워드로 책을 표현해 보는 활동입니다.

이 활동을 과제형이 아닌 쌍방향으로 진행할 때는 교사가 아이들이 말로 표현하는 것을 받아 적는 것도 방법입니다. 이때 왜 이 키워드를 정했는지 그 이유를 다른 친구들이 맞혀 보거나, 본인이 직접 설명하는 시간을 가져 봅니다.

구글 독스, 패들렛 이용하기

독후 활동은 함께할 때 효과가 배가됩니다. 같은 책을 읽어도 감동한 부분이 다르고 그 이유가 다릅니다. 자신에게 인상 깊었던 구절이나 이유를 구글 독스나 패들렛에 적어 공유하면 책에 대한 다양한 관점을 가질 수 있습니다. 다른 책을 읽고 독후 활동을 함께하더라도 책의 내용을 간략히 요약하는 능력을 기를 수 있고, 친구들이 소개해 준 책들에 흥미를 느낄 수 있으니 일거양득입니다.

온라인에서는 더 쉽게 직관적으로 독후 활동을 공유할 수 있는 구글 독스나 패들렛과 같은 훌륭한 도구들이 있습니다. 구글 독스 중 엑셀의 경우에는 아이들이 엑셀에서 줄 바꿈 기능을 활용하기 어려울 수 있으니 온라인 도구 사용법을 충분히 익힌 후에 활용하는 것이 좋습니다. 구글 독스 중 파워포인트 같은 직관적인 도구를 활용하는 것도 추천합니다.

아이들의 독서 능력을 키우는 데는 선생님의 노력이 많이 필요합니다. 하지만 아이들이 집에서 스마트폰만 볼 것이 아니라 책을 더 가까이하고 즐길 수 있기를 바라는 마음으로 고민하는 선생님들이라면 이 위기를 기회로 삼아서 아이들에게 독서 습관을 길러 주시리라 생각합니다.

PART 3
블렌디드 수업 도구 마스터하기

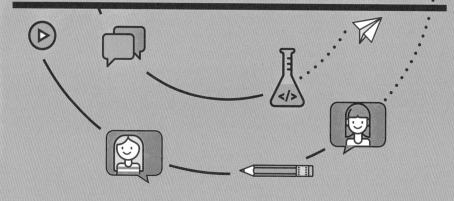

패들렛 수업
활용 팁

패들렛이란?

블렌디드 수업이 활성화되면서 가장 많은 인기를 끌게 된 플랫폼은 패들렛이라는 도구입니다. 심지어 다음과 같은 말을 하는 선생님도 있습니다.

"블렌디드 수업은 패들렛 하나면 끝난다."

패들렛은 학생들의 생각을 실시간으로 공유하는 데 특화되어 있습니다. 교실에서 자신의 생각을 포스트잇에 적어 칠판에 붙이는 활동을 온라인상에 그대로 옮겨 주는 기능을 가졌다고 생각하면 됩니다. 그 밖에도 수업에 필요한 다양한 기능을 담고 있는데 다른 어떤 도구들과 비교해도 뒤지지 않을 정도로 인터페이스가 간결합니다. 그것이 바로 패들렛이 온라인 협업 툴로 많은 사랑을 받고 있는 이유입니다.

패들렛을 쉽게 설명하자면 학생들이 쓸 수 있는 커다란 칠판을 주는 것입니다. 기본적으로 제공하는 게시판은 담벼락, 캔버스, 스트림, 그리드, 셀프, 백채널, 지도, 타임라인 8가지입니다. 패들렛 고수들은 이 8가지를 자유자재로 활용하겠지만 담벼락 하나만 제대로 사용할 수 있어도 학생들과 수업하는 데에는 문제가 전혀 없습니다.

학생들은 패들렛 게시판 위에 자신의 생각을 쓰거나, 필요한 사진을 올리거나, 동영상을 올립니다. 파일이나 링크, 음성까지 가능합니다. 이미지뿐만 아니라 여러 자료를 올릴 수 있어서 참 편리합니다.

학생들이 업로드한 모든 자료는 패들렛 메인 화면에서 전체 참여자들에게 공개됩니다. 교실에서 학생들이 바라보는 칠판과 비슷합니다. 패들렛의 기능을 간단하게 말하면 '칠판에 포스트잇을 붙이는 걸 온라인으로 옮겨 온 것'이라고 볼 수 있죠.

패들렛에서는 8가지 종류의 게시판을 사용할 수 있습니다. 처음에는 가장 기본이 되는 담벼락 기능만 사용하다가 '이제 좀 숙달되었다.', '우리 반 아이들에게 새로운 경험을 시켜 주고 싶다.'라는 생각이 들면 다른 기능들도 사용해 보는 걸 추천합니다. 나중에 필요할 때를 대비해 어떤 게시판들이 있는지를 간단하게 설명하겠습니다.

- 담벼락 : 내용이 순서대로 배치되는 벽
- 캔버스 : 자유롭게 배치를 변경할 수 있는 벽
- 스트림 : 배치하고 싶은 내용을 위에서 아래로 나열할 수 있는 벽
- 그리드 : 가로로 정렬되어 있는 벽
- 셀프 : 선반에 물건을 올리는 것처럼 종렬로 콘텐츠를 정리할 수 있는 벽
- 백채널 : 채팅을 하는 것처럼 대화 형태의 내용을 정리할 수 있는 벽
- 지도 : 지도 위에 내용을 정리할 수 있는 벽
- 타임라인 : 시간의 흐름에 따라 내용을 정리할 수 있는 벽

※ 패들렛은 무료로 이용할 수 있습니다. 다만 무료 사용의 경우 사용할 수 있는 게시판의 수는 5개로 제한됩니다(교사 인증을 받았을 경우). 유료 버전으로 업그레이드하면 게시판을 무제한으로 사용할 수 있을 뿐만 아니라 업로드할 수 있는 파일의 용량도 커집니다. 자세한 내용은 패들렛 홈페이지를 확인해 보길 바랍니다.

※ 패들렛 PRO 요금은 한 달에 8,000원입니다. '이런 걸 정말 유료로 써야 할까?'라고 생각할 수도 있지만 패들렛 PRO를 이용하면 '무제한으로 패들렛 만들기', '250MB의 파일 업로드', '도메인 매핑' 혜택을 누릴 수 있습니다.

패들렛 수업 활용 팁 7가지

자기 평가의 기회를 준다

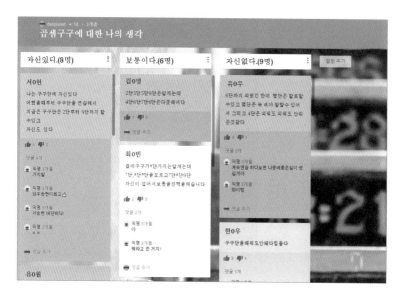

패들렛의 셀프 기능을 이용하면 학생들이 자신의 이해 정도를 구분해서 입력할 수 있습니다. 위의 사진에서는 '곱셈구구에 대한 나의 생각'을 '자신 있다./보통이다./자신 없다.' 3가지로 구분해서 나타냈습니다. 패들렛 쪽지를 붙여서 그렇게 생각하는 이유도 덧붙였습니다.

블렌디드 수업의 한계점을 말할 때 평가와 피드백이 어렵다는 이야기가 많은데 패들렛의 셀프 기능을 이용하면 간단하게 자신의 이해도를 표현할 수 있습니다.

자기 평가의 기회를 주는 또는 다른 방법을 하나 소개합니다. 이번 수업을 통해 '알게 된 점, 더 알고 싶은 점, 선생님에게 바라는 점' 등을 써 보면서 수업이 끝난 뒤 자신의 이해도를 점검해 보는 용도로 사용하는 것입니다. 일종의 자기 평가라고 할 수 있습니다.

공유의 범위를 확장시킨다

패들렛의 장점 중 하나는 로그인이 필요하지 않다는 겁니다. (물론 패들렛 게시판을 만들기 위해서는 로그인이 필요합니다. 참여자로 참여할 때 로그인이 필요하지 않다는 의미입니다.) 교수자가 보내 주는 링크만 있다면 PC, 스마트폰, 스마트패드에서 자유롭게 이용할 수 있습니다. 링크를 기반으로 얼마든지 범위를 넓힐 수 있기 때문에 확장성이 좋다는 게 최고의 장점입니다.

위의 사진은 광주교육대학교 광주 부설초등학교, 첨단초등학교, 광양동초등학교, 성덕초등학교의 학생들이 하나의 글쓰기 주제에 대한 자신의 생각을 적은 패들렛 게시판입니다. 무려 4개 학교의 학생, 그러니까 100명이 넘는 학생이 자신의 생각을 하나의 게시판에 붙인 것이지요. 온라인이니 가능한 활동 아닐까요? 패들렛은 누구나 쉽게 접근해서 작성할 수 있기에 공유의 범위가 무한정으로 확장된다는 장점이 있습니다.

이미지로 이야기한다

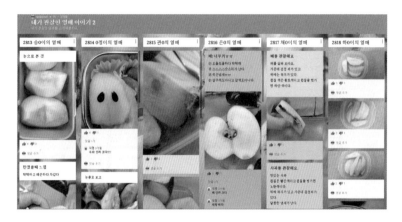

'백문이 불여일견'이라고 글보다는 그림이 눈에 잘 들어온다는 것은 누구나 잘 압니다. 구구절절 설명하는 것보다 한 번만 보여 주면 이해가 잘됩니다. 아이들과 수업을 하다 보면 '이건 말로 설명하는 게 아니라 보여 주는 게 더 좋을 것 같다.'는 수업 주제들이 있습니다.

위의 사진에서 진행한 수업은 '가을 열매 관찰하기'입니다. 내가 관찰한 과일의 모습을 친구들에게 공유하는 가장 간단한 방법이 무엇일까요? 바로 과일을 보여 주는 것입니다.

패들렛의 사진 기능을 활용하면 1분 동안 설명할 것을 2초 만에 할 수 있습니다. "사과 색깔이 뭐야?"라고 물어볼 필요 없이 바로 사과 사진을 보여 주면 되니까요. 블렌디드 수업에서 패들렛을 이용한다면 이미지를 활용해 보세요. 사과, 배, 감 이미지를 사진이 아니라 아이들이 그린 그림으로 보여 주는 것도 좋습니다.

지도에서 좌표를 찍는다

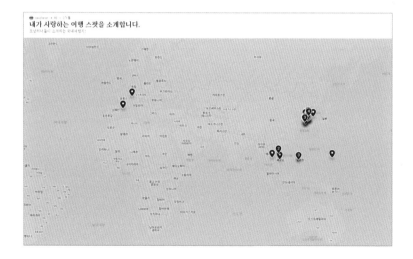

다음은 초등학교 6학년 사회과 성취 기준입니다.

[6사07-02]

여러 시각 및 공간 자료를 활용하여 세계 주요 대륙과 대양의 위치 및 범위, 대륙별 주요 나라의 위치와 영토의 특징을 탐색한다.

[6사07-04]

의식주 생활에 특색이 있는 나라나 지역의 사례를 조사하고, 이를 바탕으로 하여 인간 생활에 영향을 미치는 여러 자연적, 인문적 요인을 탐구한다.

세계 주요 대륙과 대양의 위치, 영토 등을 주제로 사회 수업을 하려고 할 때 '어떻게 하면 흥미로운 수업을 만들 수 있을까?'에 대한 고민을 한 번쯤 해 보셨죠? 패들렛의 지도 기능을 이용하면 쉽고 재미있게 수업할 수 있습니다.

　파리 에펠탑에 대한 내용을 입력하고 싶다면 패들렛 게시판에서 에펠탑을 검색합니다. 그러면 구글 지도와 연결되면서 실제 유럽의 파리 지도 위에 에펠탑의 좌표가 찍힙니다. 그 위에 파리와 관련된 사진이나 글, 영상을 첨부할 수도 있습니다. 단순히 파리에 대한 내용을 설명하는 것보다 지도와 연결해서 탐구하고 발표한다면 아이들이 훨씬 쉽게 이해하고 기억할 수 있겠죠?

학습 내용을 포트폴리오화시킨다

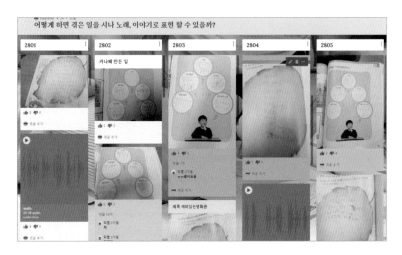

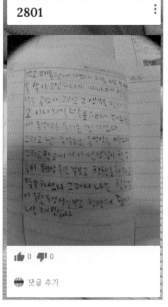

이번에는 셀프 기능을 응용해 보겠습니다. 셀프 기능을 이용하여 학생들에게 개인별로 공간을 나눠 주면 학생 개개인이 단원 전체의 학습 과제를 정리할 수 있는 온라인 포트폴리오를 만들 수 있습니다.

교육 평가에서 중요한 건 최종 결과만이 아닙니다. 어떤 결과를 내면서 성장해 왔는지, 과정 중에 실패는 없었는지, 실패에 대해 어떤 생각을 하게 되었는지, 실패를 어떻게 극복해서 최종 도달점에 오게 되었는지 등 과정 속에 배움이 있습니다. 그렇기 때문에 시작부터 끝까지 모두 기록해 둘 수 있는 포트폴리오가 필요합니다. 패들렛의 셀프 기능을 활용하면 학생들에게 온라인 포트폴리오를 만들어 줄 수 있습니다.

생각을 유목화시킨다

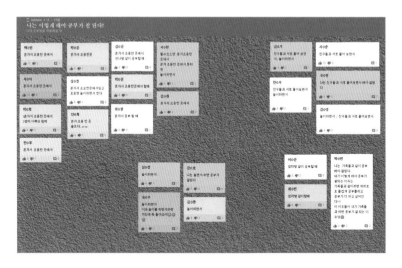

모든 학생이 완전히 똑같은 생각을 갖고 있긴 어렵습니다. 그동안 봐 온 것, 경험한 것, 느낀 것, 들은 것이 다르기 때문에 생각도 다를 수밖에 없습니다.

블렌디드 수업을 할 때 학생들의 의견을 유목화할 주제를 다룬다면 패들렛의 캔버스 기능을 활용하는 것이 좋습니다. 이 기능을 이용하면 다른 게시판들과 다르게 학생들의 생각쪽지를 마음대로 옮기거나 그룹화할 수 있습니다. 마치 칠판에 붙여 놓은 포스트잇들을 원하는 곳으로 이동하는 것과 같습니다.

패들렛으로 채팅한다

패들렛 게시판 중 백채널이라는 기능을 이용하면 채팅을 주고받는 것처럼 게시판을 붙여 넣을 수 있습니다. 게시판 형식으로 되었다는 점이 다를 뿐 흔히 말하는 채팅과 비슷합니다. 내가 원하는 메시지와 함께 사진, 그림, 영상을 첨부할 수 있다는 것도 장점입니다.

패들렛 초심자들을 위한 팁 4가지

"초등학교 2학년 학생들과 패들렛으로 수업하고 있어요."라고 이야기하면 대부분의 선생님이 이렇게 되묻습니다. "2학년이랑 그게 돼요?" 그럴 때면 이렇게 대답합니다. "됩니다. 되고 말고요. 대신 많이 실패해야 해요."

아이들과 패들렛을 사용하면서 정말 많이 실패했습니다. 실패를 반복하길 원치 않는 선생님들을 위해 패들렛 초심자들을 위한 팁 4가지를 준비했습니다.

스마트폰 카메라로 사진 찍는 방법을 설명한다

패들렛에서는 보통 글과 이미지를 통해 소통합니다. 이때 사용하는 이미지는 인터넷에서 다운로드한 것보다 아이들이 직접 자신의 학습 결과물을 찍은 것이 좋습니다. 하지만 사진을 잘 찍는 아이는 거의 없습니다. 피사체가 흐리거나 피사체보다 공백이 많은 사진도 흔하게 나옵니다. 그렇기 때문에 패들렛을 통해 공유하기 좋도록 사진을 정확하게 찍는 것을 설명해 주어야 합니다. 다음 3가지는 꼭 말해 주세요! 초점 잡기, 피사체를 중앙에 두기, 찍으려고 하는 물체만 찍기.

사진을 회전시키는 방법을 설명한다

위의 팁과 연결되는 내용입니다. 아이들에게 패들렛에 사진을 업로드하라고 하면 옆으로 돌아가 있는 사진, 뒤집힌 사진이 많습니다. 이런 사진은 보기 불편합니다. "사진을 90도 회전해 주세요!"라고 이야기해도 그 방법을 모르는 아이가 정말 많습니다. 안드로이드폰, 아이폰, 스마트패드의 종류에 따라 사진을 회전시키는 방법도 다릅니다. 수업 시간에 혼란스러워지지 않도록 이 기능을 반드시 미리 설명해 주어야 합니다.

패들렛에서는 용기와 희망을 주는 선플을 단다

패들렛은 나의 생각과 학습 결과물을 업로드하는 것과 더불어 '좋아요', '공감' 등의 반응을 표시하거나 댓글을 달며 소통할 수 있는 기능을 제공합니다. 실제로 해 보니 아이들이 댓글 다는 것을 굉장히 흥미로워했습니다. 하지만 흥미가 있는 곳에는 언제나 장난이 따릅니다. 학습 내용과 관계없는 이야기를 하거나 'ㅋㅋㅋㅋㅋㅋ'를 도배하는 아이들이 한두 명씩은 꼭 있습니다. 악플을 다는 학생도 있고요. 그래서 패들렛으로 수업할 때는 항상 '용기와 희망을 주는 선플 달기 운동'을 강조해야 합니다.

앞의 3가지 비법을 반복한다

앞에서 소개한 팁을 아이들에게 잘 설명해 주고 적용한다고 해서 하루아침에 바로 이루어질 것이라고 생각하는 것은 오산입니다. 경험해 본 바로는 무조건 잘 안 될 것입니다. 같은 내용을 5번 정도 설명하고, 5번 정도 반복해야만 아이들의 것이 될 수 있습니다. 수업은 반복의 연속입니다. 같은 내용을 지속적으로 반복할수록 아이들은 익숙해지고 수업은 더 매끄러워집니다.

아이들이 패들렛의 게시판에 업로드한 내용을 전체 화면으로 보여
주며 잘된 예와 잘못된 예를 비교하고 수정하는 연습을 몇 번 반복해
주세요. 그러다 보면 어느새 선생님도, 아이들도 패들렛의 고수가 되어
있을 것입니다.

라이브워크시트
수업 활용 팁

학생들에게 분명히 활동지를 배부하고 가정으로 보냈는데, 다음 날에 "선생님, 활동지가 없어졌어요."라고 말하는 아이들의 이야기를 다들 한 번 이상은 들어보셨죠? "했는데 집에 놔두고 왔어요."라는 말도 마찬가지고요. 이런 경우 프린터가 있는 가정이 드물기 때문에 가정에서 활동지를 출력하라고 하는 것도 어렵습니다.

e학습터에 콘텐츠를 올릴 때면 수업 동영상, 활동지 등을 다 따로 업로드해야 해서 학생들이 놓치지 않을까 걱정스럽습니다. 스마트폰 애플리케이션처럼 '한 페이지 안에 영상도 보고 문제도 해결할 수 있도록 수업을 만들 수 없을까?' 늘 고민했습니다. 이러한 고민을 해결해 줄 수 있는 도구가 바로 '라이브워크시트'입니다.

라이브워크시트는 말 그대로 '살아 있는 활동지'입니다. 영화 「해리

포터」시리즈를 보면 벽에 걸린 그림이 움직이고, 학생들이 보는 책의 그림이 살아 움직입니다. 라이브워크시트는「해리포터」에 나오는 종이 활동지를 만드는 것이라고 이해하면 쉽습니다.

라이브워크시트는 어떤 점이 좋을까?

프린터 없이도 활동지를 해결한다

앞에서 말했듯 가정 환경에 따라 프린터가 없는 학생도 있습니다. 학생의 온라인 수업 환경(PC인지 태블릿이나 스마트폰인지)에 따라 교사가 준비한 파일이 열리지 않는 경우도 있습니다.

라이브워크시트는 온라인 활동지입니다. 가정에 프린터가 없어도 활동지를 볼 수 있고, 학생의 온라인 수업 환경에 따라 파일이 열리지 않을 위험도 없습니다. 따라서 학생의 수업 준비의 부담을 줄이고 환경도 보호하는 일석이조의 방법입니다. 교사가 제공한 URL 링크만 열어도 활동지를 활용해 수업에 참여할 수 있습니다.

다양한 기능을 사용하여 재미있는 활동지가 된다

종이로 만든 학습지에는 글자와 정지된 그림만 들어갈 수 있지만 라이브워크시트는 소리뿐만 아니라 움직이는 영상까지 삽입할 수 있습니다. 흑백으로 복사된 활동지보다 다양한 색상을 활용하여 공부하고 싶은 활동지가 됩니다. 교사는 간단한 명령어를 입력하기만 하면 됩니다. 학생들이 주관식으로 입력할 칸을 만들 수 있고 객관식 문제로 답을 선택하게 할 수도 있습니다. 알맞은 답을 선으로 잇게 할 수도 있습니다. 다양한 기능을 활용할 수 있기 때문에 그 자체로 학생들이 흥미를 가집니다. 활동지 자체로 동기 유발이 되는 것이죠.

활동지와 수업을 일체화할 수 있다

콘텐츠 활용 수업을 준비할 때 어떠신가요? 수업 관련 영상을 편집한 후 순서에 맞게 PPT를 만들죠. 또 필요한 활동지는 따로 제작하여 첨부해야 합니다. 해야 할 것이 너무 많아 한 차시를 준비하는 데 많은 시간이 소요됩니다.

교과서의 흐름대로 수업을 진행한다면, 교과서 PDF 위에 수업을 옮겨 보세요. 학생들은 PDF 파일 위에서 동영상을 보고 강의를 듣기도 하고, 다양한 활동도 할 수 있습니다. 말 그대로 활동지(교과서 화면)가 수업이 되는 것입니다. 라이브워크시트는 교과서 자체를 생동감 있는 수업 도구로 만듭니다.

학생들의 활동 결과를 그대로 전달받는다

활동지를 해결하면 교사는 학생들의 응답을 그대로 받아 볼 수 있습니다. 답이 있는 문제는 채점이 되어 점수가 자동으로 표시됩니다. 특히 평가할 때 활용하면 유용합니다. 학생들의 시험지가 교사의 계정에 보관되기 때문에 평가 결과를 따로 기록하지 않아도 됩니다.

라이브워크시트 만드는 법

① 라이브워크시트(liveworksheets.com)에 회원 가입을 한 후 로그인을 합니다.

② Make interactive worksheets 탭의 Get started를 눌러 활동지를 만듭니다.

③ 내가 만들고 싶은 활동지(밑바닥 배경이 됨)의 PDF(jpg, png) 파일을 선택한 후 업로드합니다.

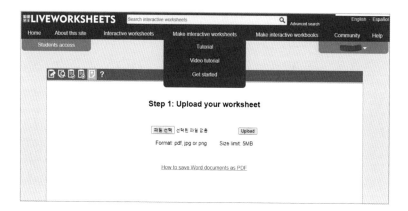

④ 명령어를 이용하여 활동지를 생성합니다.

⑤ custom link를 클릭하여 Grade와 School subject를 기입하고, 아래의 커스텀 링크를 복사한 후 학생들에게 제공합니다.

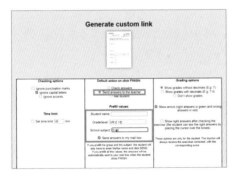

8가지 명령어를 활용하여 활동지 만들기

라이브워크시트는 활동지를 만들 때 명령어를 사용합니다. 업로드한 활동지 위에 마우스로 드래그하여 구역을 설정한 후, 그 위에 다양한 명령어를 입력하여 기능을 생성합니다. 쉽게 활용할 수 있는 8가지 기능을 소개합니다.

① 빈칸 넣기

마우스 커서로 드래그 하여 해당 공간을 직사각형으로 지정하면 정답이 없는 빈칸에 아무 답이나 적을 수 있습니다.

나의 장래 희망은 (   ) 이다.

[학생들이 보는 활동지 풀이 모습]

나의 장래 희망은 (초등학교 교사   ) 이다.

② 선택하기: 다양한 선택지 중 클릭하여 선택하는 방법입니다.

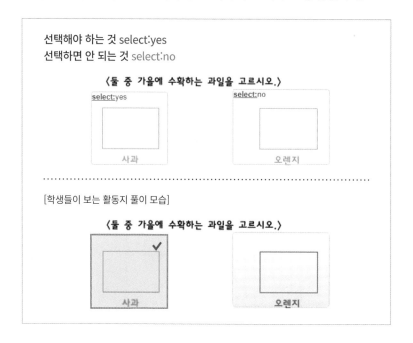

선택해야 하는 것 select:yes
선택하면 안 되는 것 select:no

〈둘 중 가을에 수확하는 과일을 고르시오.〉

select:yes   select:no

사과   오렌지

[학생들이 보는 활동지 풀이 모습]

〈둘 중 가을에 수확하는 과일을 고르시오.〉

✓

사과   오렌지

③ 드롭박스 중 하나 선택하기: ▼아래 나오는 보기 중 하나를 선택합니다. 선택하는 것이 문장이나 단어일 때 사용합니다.

choose:*1/2/3

〈bts 멤버 중 'V' 답으로 지정하기〉

우리반 담임선생님이 가장 좋아하는 bts 멤버는 choose:정국/*V/지민/슈 가/RM/제이홉/진 이다.

★ 정답 앞에는 *로 체크를 합니다. 모두 고를 때는 정답마다 앞에 *를 넣어 줍니다.

．．．

[학생들이 보는 활동지 풀이 모습]

〈bts 멤버 중 'V' 답으로 지정하기〉

우리반 담임선생님이 가장 좋아하는 bts 멤버는 V ∨ 이다.

정국
V
지민
슈가
RM
제이홉
진

④ 선으로 연결하기: 각각을 선으로 연결하는 풀이를 만듭니다. 선으로 잇는 구역에 가면 마우스 커서 모양이 연필로 변합니다.

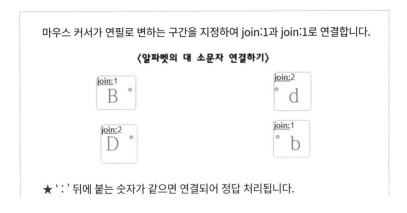

마우스 커서가 연필로 변하는 구간을 지정하여 join:1과 join:1로 연결합니다.

〈알파벳의 대 소문자 연결하기〉

join:1
B °

join:2
° d

join:2
D °

join:1
° b

★ ': ' 뒤에 붙는 숫자가 같으면 연결되어 정답 처리됩니다.

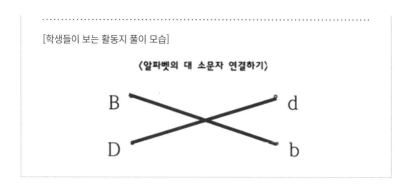

[학생들이 보는 활동지 풀이 모습]

〈알파벳의 대 소문자 연결하기〉

B ⟋ d
D ⟍ b

⑤ 체크 박스: 체크하는 곳에 체크 박스를 마련합니다. 체크가 가능한 곳을 여러 곳에 만들 수 있습니다. 체크하는 곳이 활성화되면 학생이 보는 화면에서는 파란 네모 박스가 생성됩니다.

체크해야 할 것 tick:yes
체크하면 안 되는 것 tick:no

〈다음 문장이 맞으면 O, 틀리면 X에 체크하세요.〉

I am a student. O `tick: yes` X `tick: no`

[학생들이 보는 활동지 풀이 모습]

〈다음 문장이 맞으면 O, 틀리면 X에 체크하세요.〉

I am a student. O ✔ X ▧

⑥ 보기를 순서대로 배열하기: 활동지에 나와 있는 보기들을 순서대로 배열하고 싶을 때 사용합니다. 구역을 지정한 대로 잘라 내어 다른 부분에 옮길 수 있습니다. 학생들이 보는 화면에서는 마우스를 네모 상자 위로 이동하면 마우스가 이동하기 ⊕ 모양으로 바뀝니다.

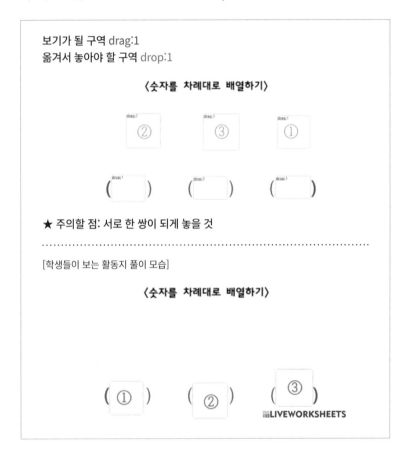

⑦ mp3 소리 파일 첨부하기: mp3 파일을 넣어 학생이 ▶를 누르면 소리를 재생할 수 있게 합니다. 소리 파일의 최대 용량은 5MB입니다.

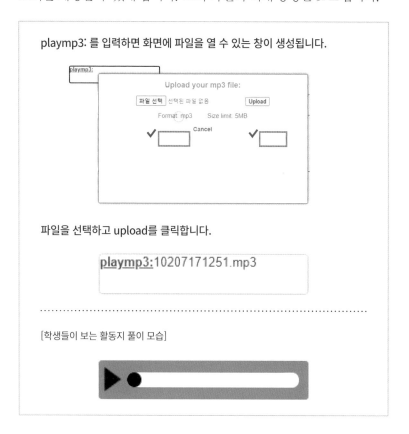

playmp3: 를 입력하면 화면에 파일을 열 수 있는 창이 생성됩니다.

파일을 선택하고 upload를 클릭합니다.

[학생들이 보는 활동지 풀이 모습]

⑧ 동영상 링크 주소 넣기: 동영상을 학습지 위에 바로 보이게 하는 방법입니다. 영상의 링크를 붙여 넣으면 바로 보입니다. 해당 영상 파일을 유튜브에 업로드하면 좋습니다. 단, 영상은 전체 공개가 되어야 합니다.

동영상이 학생에게 보였으면 하는 크기만큼 구역을 마우스로 지정해 줍니다. 동영상의 경우 크게 해 주는 것이 좋습니다. 복사해 둔 유튜브 링크를 붙여 넣습니다.

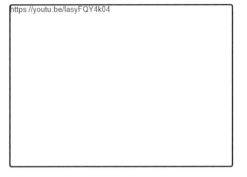

[학생들이 보는 활동지 풀이 모습]

라이브워크시트 수업에 활용하기

조사 활동지 만들기

학생의 인적 사항을 적거나 조사한 내용을 자유롭게 적을 때 활용합니다. 다음 예시를 보면 학생들마다 활동지에 적는 내용이 다릅니다. 쓸 수 있는 구역만 정해 놓으면 학생들이 분량에 맞춰 조사한 내용을 적을 수 있습니다.

활동지 edit

활동지 실제

재미있는 평가 문항지 만들기

어떤 사이트에서는 회원 가입을 할 때 일일이 칸에 입력해서 기입하지 않고 성별 중 하나를 선택하게 하거나, 드롭박스에서 숫자를 고르면서 생일을 입력하는 식으로 합니다. 온라인 수업에서도 평가 문항지가 이렇게 다양하다면 재미있겠죠? 타자 속도가 빠르지 않은 저학년을 평가할 때 쓰면 좋은 방법입니다. 그림을 선택하거나 문장 안에 알맞은 단어를 고르기만 하면 됩니다. 학생들은 평가 부담이 줄어들고 문제 풀이를 즐기게 됩니다.

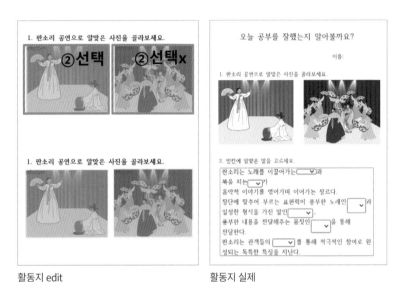

활동지 edit   활동지 실제

교과서로 한 번에 수업 콘텐츠 만들기

교과서 PDF를 그대로 이용하여 한 장에 수업을 모두 담을 수 있습니다. 유튜브에 교사의 콘텐츠를 업로드한 후 교과서의 구성에 맞게 필요한 곳에 비디오, 음성을 넣고 교과서 문제를 그대로 옮겨 온라인상에서 학습할 수 있습니다. 교과서가 그대로 수업 콘텐츠가 되는 것이죠.

구글 독스 수업
활용 팁

블렌디드 수업 중 학생들이 함께 결과물을 만들어야 할 때 어떤 방법을 쓰시나요? 교실 수업 상황에서 학생들은 큰 도화지에 구역을 나누어 함께 써 가는 방법으로 결과물을 만들지요. 이때 학생들은 한 사람씩 돌아가면서 종이를 가져가서 적거나, 머리를 맞대며 작품을 만듭니다. 큰 도화지일지라도 여러 명이 모이면 자리가 불편하게 되어 간혹 싸움이 일어납니다. 한 명이 기록해야 편하니, 나머지 학생들은 자연스럽게 놀게 되면서 무임승차가 이루어져 좋은 협업이 되지 않습니다.

이런 문제 없이 블렌디드 수업에서 학생들이 효과적으로 협업할 수 있는 도구를 소개하겠습니다. 바로 구글 독스입니다. 구글에서 제공하는 문서 도구들을 말합니다. 구글 문서, 구글 프레젠테이션, 구글 스프레드시트, 구글 드로잉, 구글 폼즈, 구글 사이트 등이 포함됩니다.

구글 독스의 3가지 장점

선생님이 편합니다

구글 독스의 도구들은 우리가 주로 사용하는 프로그램들과 닮았습니다. 구글 문서는 한컴오피스 한글이나 마이크로소프트 워드와, 구글 프레젠테이션은 마이크로소프트 파워포인트와, 구글 스프레드시트는 마이크로소프트 엑셀과 비슷하죠. 그러니 교사가 학생들보다 먼저 기능 연습을 해 볼 필요가 없습니다.

또한 교사가 모둠의 상황을 한눈에 파악할 수 있습니다. 학생들의 과제 진척 정도나 실시간 소집단 활동 상황을 같은 링크만 열면 지켜볼 수 있습니다. 그래서 즉각적인 피드백이 가능합니다.

학생들이 편합니다

프로그램을 이용하다 보면 컴퓨터의 오류로 인해 과제가 저장되지 않고 사라지는 경우가 있습니다. 구글 독스의 문서들은 온라인 드라이브에 자동으로 저장되므로 과제 분실이나 삭제를 방지할 수 있습니다. 과제를 잃어버리거나 과제가 없어졌다는 학생들도 더 이상 나오지 않게 되지요.

링크 주소만 있다면 동시에 여러 학생이 함께 하나의 문서를 만들 수 있기 때문에 협업이 편리합니다. 결과물을 제출할 때도 작업을 끝내기만 한다면 별도의 제출 과정 없이 완료됩니다.

학부모님이 편합니다

학생들이 준비물을 챙기거나 학습지를 출력해야 할 때 학부모님의 도움이 필요한 경우가 있습니다. 가정에 프린터가 없는 경우에는 출력할 만한 곳을 찾아 헤매야 하는 번거로움도 따릅니다. 그런데 구글 독스는 그럴 필요가 없습니다. 또한 링크만 클릭하면 자녀의 수업 실태를 바로 확인할 수도 있습니다.

구글 독스 만들어 학생들에게 공유하는 방법

① 구글 독스로 학생들에게 전달할 문서나 형식을 만듭니다.

② 구글 드라이브에 들어가서 복사본을 만듭니다. 예를 들어 소집단별로 결과물이 나와야한다면 소집단의 수만큼 복사본을 만들고 하나의 폴더에 넣어 둡니다.

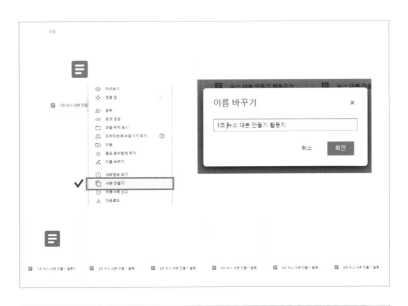

※ 각 문서의 이름을 바꾸어 줍니다. 학생의 이름이나 소집단 이름으로 구성하는 것이 좋습니다.

③ 문서를 우클릭한 후 '링크 생성'을 클릭합니다. '링크가 있는 모든 사용자에게 공개'로 활성화되었다면 우측의 '편집자'를 체크하여 링크가 있는 사람들이 문서를 편집할 수 있도록 합니다.

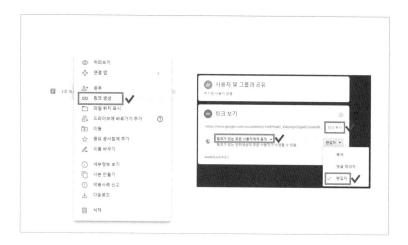

④ 학생들이 열람할 수 있는 곳에 링크 주소를 복사하여 붙여넣기해 줍니다.

구글 독스로 블렌디드 수업하기

구글 문서로 소집단별 활동지 작성하기

소집단별로 하나의 결과물을 만들어 낼 때 구글 문서로 활동지를 만들어 링크를 전달합니다. 이 활동지는 학생들이 함께 소통할 수 있는 온라인 실시간 수업 환경이나 오프라인 수업일 때 좋습니다.

다음 예시는 학생들이 '뉴스 만들기' 수업을 할 때 이용했던 구글 문서 활동지입니다. 모둠별로 뉴스를 만드는 계획부터 뉴스 원고 작성까지 모둠원이 함께 기록했습니다. 온라인 수업 상황에서 각각의 학생에게 종이 활동지를 제공했다면 모둠원 간 연결성이 부족하여 하나의 뉴스처럼 이어지는 느낌이 나지 않았을 것입니다. 또한 모둠원의 원고를 한곳에서 비교할 수 없으니 어떤 것이 부족하고 고쳐야 하는지를 한눈에 알기도 어려웠을 것입니다.

구글 문서를 이용하면 교사가 미리 만들어 놓은 활동지의 빈칸을 학생들이 함께 채워 가는 것 자체가 뉴스를 준비하는 과정이 됩니다. 이후에 학생들이 학교에 등교했을 때 원고를 출력하여 연습할 수 있도록 하면 됩니다.

모둠 이름: 찰떡바조
모둠 구성원: 오세윤 오세윤 서경주 이아람

1. 뉴스 주제 및 내용

뉴스 주제	쓰레기가 주변환경에 미치는영향
뉴스에 담길 내용	쓰레기가 주변환경에 미치는영향과 하루에 버려지는 쓰레기

2. 필요한 자료

자료 종류 (인터뷰,시민(전문가)리털,그래프,표(물등))	필요한 이유(~을 설명하거나 보충하기 위해서)
사진	심각성을알수있다.
전문가,시민인터뷰	전문가와의 면담을 통해서 더 믿을수있고 시민의인터뷰를 통해 실제사례를 담기때문에 전달받을수있다
표	정확한 정보를 쉽게전달할수있다

3. 역할 분담

필요한 역할(아나운서, 기자, 인터뷰하는 사람)	담당한 사람 이름	필요한 준비물(배경화면,그래프,표,역할에 맞는 대본 등)
아나운서	오세윤	마이크,다른 통장 배경화면(가상)
기자	이윤서	마이크,다른 통장 배경화면(가상)
인터뷰 하는 사람(시민)	서경주	마이크,다른 배경화면(가상)
전문가(교수)	이아람	마이크,다른 그래프,표,배경화면(가상)

<뉴스 원고 만들기>

진행자의 도입 (뉴스에서 보도될 내용을 유도하거나 전체를 요약하기)		쓰레기를 길거리에 지나가면서 버려본적이나 보신적있으신가요? 우리의 평소에 자주 버리는 쓰레기들이 쓰레기가 주변환경에 미치는영향은 큽니다. 이승서 기자가 보도합니다
기자의 보도 (시청자와 이해를 도우려고 면담자료나 통계자료로 설명하기)	사진	쓰레기매립사진이나 주변 동네쓰레기의사진 1729003B5141B5693ACA24 (650x390) (history.com) 이사진에서 보시다시피 많은 쓰레기를 쓰레기가 널려있습니다 이렇듯허 저렇게 쓰레기가 널려나 많아지면 앞들은 시선을 가치거질수있지 않수인있습니다. 다음으로는 전문가의 면담입니다 한곳에 어떤 피해를 입히는지 알고있었습니다
	전문가 면담	쓰레기는 냄새를 일으키고 쓰레기를 소각시키는 과정에서 화학물질이 나와서 환경오염을 시킨다 그로 인해 지구온난화가 심해집니다
	시민 면담	쓰레기 공들이나 길가에 많은 양의 쓰레기가 버려져 있었고요 쓰레기를 아무데나 버리지말자고 써진 로스터가 있어도 어떤 사람들은 무시하고 아무데나 버려요
	표	하루에 전세계에서 쓰레기가 버려지는 양을 기록한표 R720x0 q80 (670x460) (daumcdn net) 기자: 환경부에 따르면 우리나라는 하루에 안사천톤 가량의 음식물쓰레기를 버리고있고 그 매년 전물에 역들을 음식쓰레기처리비용에 쓰고 있다고 합니다
기자의 마무리 (전체 내용을 요약하거나 핵심내용 강조하기)		이렇게 매일 쓰레기에 대한문제가 커지고있으십니다 여러분들도 매일 엄청난 양의 쓰레기를 버리고 계시는건지는것입니다 그리고 그 쓰레기들이 미래에 영향을 끼칠지도 모릅니다 이상 이승서 기자였습니다

구글 프레젠테이션으로 소집단별로 발표하기

조사하여 발표하는 '조사 보고서'를 도화지로 만들지 않아도 되는 방법입니다. 프레젠테이션 만들기에 대해 알아볼 수도 있고, 학생들이 손쉽게 사진이나 영상 자료를 활용하여 발표할 수 있습니다.

다음 예시는 학생들이 '도덕 탐구 주제'에 대하여 각 소집단별로 조사한 후 하나의 프레젠테이션으로 구성한 것입니다. 한 사람이 하나의 프레젠테이션을 만든 것이 아니라 동시에 각 소집단 구성원이 하나의 프레젠테이션 안에서 다른 페이지를 작업했습니다. 무임승차를 막을 수도 있고, 학생들이 큰 부담 없이 한 면을 만들 수 있어서 좋습니다.

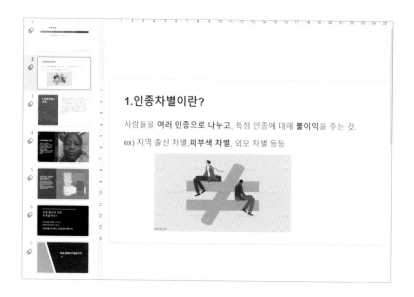

구글 스프레드시트로 사전 만들기

구글 스프레드시트의 좋은 점은 하나의 문서 안에 다양한 시트를 만들 수 있다는 것입니다. 표의 각 칸마다 누군가가 적고 있다면 색깔로 구분이 됩니다. 따라서 학생들이 동시에 적어도 구역을 나누어 적기 좋습니다.

물론 키보드를 이용하지 않는 경우 줄 바꾸기를 하는 것이 어려워 긴 글을 적기에는 불편합니다. 따라서 간단한 정보를 입력할 때 사용하는 것을 추천합니다.

다음 예시는 학급 전체가 하나의 스프레드시트에 '속담 사전 만들기'를 정리한 것입니다. 교사는 표를 만들고, 학생들이 칸 안에 글을 쓰기 편하도록 행과 열의 너비를 넓게 조절해 주기만 하면 됩니다.

구글 드로잉으로 협동화 그리기

구글 드로잉은 그림판 같은 도구입니다. 학생들이 협동화를 그릴 때 활용하면 좋습니다.

교과별 사용 예시를 한 번 들어 볼까요? 미술 교과에서는 이미지 웹 검색을 통해 명화를 패러디하는 수업을 해 볼 수 있습니다. 음악 교과 에서는 음악을 감상한 후 감상 느낌을 그림으로 표현해 보는 방식으로 사용할 수 있습니다. 수학 교과에서는 도형을 활용한 작품 만들기 같은 형식으로 구글 드로잉을 활용할 수 있습니다.

다음 예시는 원을 이용하여 생각나는 것을 표현해 보는 활동으로 전 학년에서 할 수 있습니다. 소집단이 6개 색의 동그라미를 각각 다른 작 품으로 표현해 보았습니다. 부끄러운 아이의 얼굴, 귀여운 초록 돼지, 개복치, 축구공, BTS에게 사랑을 전하는 말, 노른자가 톡 터진 달걀 프 라이를 만들었습니다.

플립그리드 수업
활용 팁

어릴 때부터 디지털 환경에서 성장한 세대를 '디지털 네이티브'라고 합니다. 디지털 네이티브에 속하는 우리 학생들은 텍스트보다는 영상 콘텐츠를 선호합니다. 그래서인지 유튜브와 틱톡 등의 동영상 기반 SNS의 인기가 폭발적입니다. 이런 흐름에 발맞추어 교육 과정에도 매체를 활용한 영상 제작 차시가 생겨났습니다.

하지만 영상 자료 제작은 결코 쉽지 않습니다. 학생은 카메라로 영상을 촬영하고, 촬영한 영상을 편집 애플리케이션에 불러 낸 뒤 많은 기능을 익혀 편집해야 합니다. 학생들이 주로 쓰는 기능은 자르기, 붙이기, 말풍선(자막) 만들기 정도인데, 애플리케이션에는 수많은 기능이 있어서 오히려 혼란스럽습니다. 결과물을 공유하는 것도 학급의 실태나 상황이 다르기 때문에 쉽지 않습니다. 이렇듯 영상 자료 제작은 촬영, 편집, 공유의 과정이 모두 불편하다 보니 교사와 학생에게 '재미있지만 부담스러운 활동'으로 다가옵니다.

플립그리드info.flipgrid.com는 재미있는 영상 만들기를 편리하게 할 수 있는 플랫폼입니다. 영상을 촬영하고, 편집하고, 제출하는 3가지 기능이 한 번에 해결됩니다.

플립그리드의 장점

① 영상 촬영, 편집, 제출이 한 번에 가능합니다.

② 사용법이 간단하며 무료입니다.

③ 교사만 가입해도 됩니다.

④ 휴대폰이 없어도 됩니다. (인터넷이 되고 카메라 기능이 있는 전자 기기면 모두 OK)

⑤ 학급 안에서만 공유되어 학생의 초상권이 보호됩니다.

플립그리드 사용 방법 알아보기

플립그리드를 사용하는 방법은 아주 간단합니다. 교사는 학급을 만들어 과제를 제시하고, 학생은 영상을 만들기만 하면 됩니다. 영어로 되어 있기는 하지만 아이콘이 그림으로 그려져 있기 때문에 어렵지 않

게 영상을 만들 수 있습니다. 플립그리드를 사용하는 방법을 함께 알아
보겠습니다.

활동 안내하기

① 플립그리드에 가입한 후 그룹(학급)을 만듭니다.

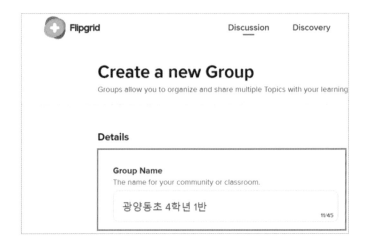

② 학생 ID^{username}를 만듭니다. (ID는 한글로도 만들 수 있습니다.)

③ 과제Topic를 만들고 설명합니다.

④ 과제 코드를 학생에게 공유합니다.

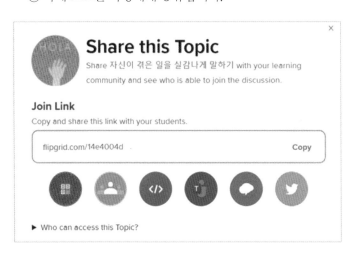

영상 만들기

① 공유된 링크로 들어가 자신의 ID로 로그인합니다.

② 과제를 확인하고 촬영 버튼을 누릅니다.

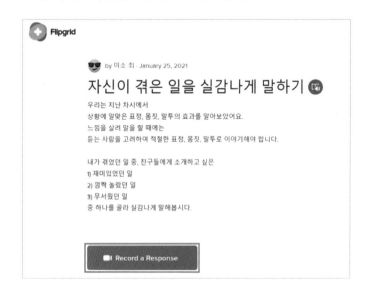

③ 여러 가지 기능을 활용해 편집합니다.

④ 제출합니다.

플립그리드 활용 팁 5가지

화면 구성이 간단하고 명료해서 학생들은 선생님의 별다른 설명 없이도 쉽고 빠르게 영상을 만들어 냅니다. 플립그리드는 학생들이 제작자가 되어 결과물을 만들어 내는 모든 활동에 활용할 수 있습니다. 학생에게는 즐거운 배움을, 교사에게는 쉽고 빠른 피드백을 가능하게 하죠. 재미있고 유익한 플립그리드를 수업에서 활용할 수 있는 방법을 소개합니다.

발표회를 해요

학생의 표정이나 몸동작까지 보아야 하는 발표가 있습니다. 예를 들어 적절한 비언어적 표현으로 겪은 일을 실감나게 말하기, 리본 체조 동작하기, 리코더로 곡 연주하기 같은 활동입니다. 이런 활동들은 준비 과정이 길고 수행 평가 항목일 때가 많습니다. 플립그리드를 활용하면 찍은 영상을 다시 볼 수 있기 때문에 학생이 스스로 부족한 점을 보완하며 더 나은 결과물을 만들어 낼 수 있습니다.

그리고 교사는 이를 통해 보다 구체적이고 체계적인 평가를 할 수 있습니다. 피드백 화면에서는 학생들의 결과물에 점수를 줄 수도 있고, 간단한 코멘트를 달 수도 있으며, 교사가 직접 영상을 녹화하여 피드백을 남길 수 있어 더욱 효과적입니다.

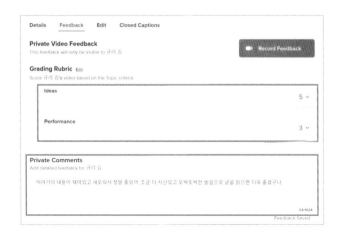

Details Feedback Edit Closed Captions

Private Video Feedback
This feedback will only be visible to 규리 킴

☐ Record Feedback

Grading Rubric Edit
Score 규리 킴's video based on the topic criteria.

Ideas   5 ⌄

Performance   3 ⌄

Private Comments
Add detailed feedback for 규리 킴.

이야기의 내용이 재미있고 새로워서 정말 좋았어. 조금 더 자신있고 또박또박한 발음으로 글을 읽으면 더욱 좋겠구나.

63/1024
Feedback Saved

자료와 함께 발표해요

보고서, 그림 등 자료가 필요한 발표를 할 때 플립그리드의 '효과 Effects-사진Photo' 기능을 활용할 수 있습니다. 자료와 발표자의 모습을 동시에 볼 수 있기 때문에 실감 나는 발표가 가능합니다. 자신이 상상한 이야기책 친구에게 들려주기, 조사 보고서 발표하기, 내가 그린 그림 설명하기처럼 활용할 수 있는 수업도 많습니다.

실감나게 뉴스를 만들어요

국어나 사회 교과에는 설문 조사, 면담, 그래프 등을 활용하여 뉴스를 만들어 보는 활동이 있습니다. 플립그리드의 '효과Effects–테두리Frame'에 있는 뉴스 프레임을 활용하면 간단하면서도 실감나게 뉴스를 만들수 있습니다. 면담 영상을 촬영할 때도 '효과Effects–필터Filter'로 모자이크처리를 하면 학생의 흥미가 배가됩니다.

발음 수업을 해요

온라인뿐만 아니라 오프라인 수업에서도 마스크를 벗을 수 없는 상황이라 영어 발음을 지도하는 데 어려움이 있습니다. 원어민의 입모양과 발음을 열심히 들려주어도 'pin'을 [pɪn]으로 읽는지, [fɪn]으로 읽는지 알 수가 없습니다. 플립그리드를 활용해 '발음 임포스터(스파이)를찾아라!' 놀이를 하면 재미있게 발음 연습을 할 수 있습니다.

수학 문제를 풀어요

실시간 쌍방향 수업에서 모든 학생의 수학 풀이 과정을 보는 것은 시간이 오래 걸린다는 단점이 있습니다. 종이에 수학 문제를 푸는 모습을 찍어 올려도 좋지만, 플립그리드의 '효과Effects-보드Board, 손글씨Draw' 기능을 활용하면 학생들은 더 빠르고 쉽게 풀이 과정을 찍을 수 있습니다. 학생의 풀이에 잘못된 점이 있다면 교사가 다시 영상으로 피드백해 줄 수 있기 때문에 개별 피드백에도 효과적입니다.

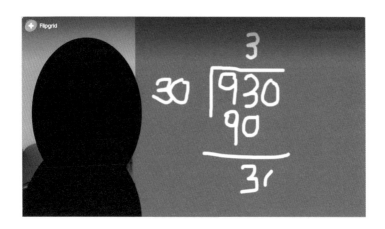

e학습터 수업 활용 팁

게시판 만들기

e학습터 학급을 개설한 후에 무엇부터 해야 할까 막막해하다가 가장 먼저 교과 게시판을 개설했습니다. 학생들이 과목별 과제를 제출할 수 있는 게시판입니다. 여러 과목의 과제를 한 번에 제출하면 교사 입장에서 확인 후 피드백을 제공하기가 어려워서 과목별 게시판을 따로 개설했습니다. 학생들은 해당 교과 게시판에 들어가서 제목을 학년, 반, 번호, 이름(예: 4401 홍길동)으로 기재해서 과제를 올립니다.

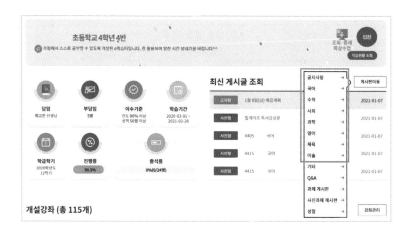

1일 배움 계획 올리기

학생 입장에서 오프라인 수업과 온라인 수업의 가장 큰 차이점은 무엇일까요? 바로 교사의 존재 여부입니다. 오프라인 수업에서는 교사가 학생들의 모습을 살펴보며 활동 안내 및 피드백을 즉각적으로 제공해 줄 수 있습니다. 하지만 온라인 수업에서는 활동에 대한 이해가 부족하더라도 교사가 도움을 직접적으로 제공하기 어렵다는 한계가 있습니다. 그래서 학생들이 오늘의 배움 내용과 자신이 해야 할 일을 명확하게 확인하고 스스로 수행할 수 있도록 하루의 배움 계획을 학생들에게 제공했습니다. 그럼 배움 계획의 내용을 자세히 살펴볼까요?

| 제4학년 | | 1일 배움 활동 안내 | | | 00초등학교 | |
| | | 9월 15일(화) | | | 부모님 사인 | |

교시	과목	배움 내용 (필수)	관련자료 및 사이트	배움 과제 (스스로)	자기 확인 (O)	배움공책
☀ 아침 만남		zoom으로 선생님과 만나기 e-학습터 출석하기 나이스 자가 건강진단하기 1일 배움 활동 안내 출력해서 책상위에 준비 그날 배울 교과서와 배움 공책, 필기구 준비	zoom e-학습터 나이스 e-학습터 교과서,공책			
1	사회	1. e-학습터 영상 시청(활동지 필요_노트작성 가능) 2. 1학기 공공기관 알아보기 3. 촌락과 도시의 공통점 4. 촌락과 도시의 차이점 5. 촌락과 도시의 비교 보고서 적기 6. 배움 공책 정리하기	zoom	배움공책 쓰기		(단) 1. 촌락과 도시의 생활 모습(9/15) (배) 도시의 특징 (활) 1. 그레타 툰베리의 영상 시청 　2. 도시의 조사하는 방법 알기 　3. 도시의 환경 문제의 심각성 알기 (성) 1학기에 배운 공공기관에서 촌락과 도시에 필요한 이유 적기
2	수학	1. 분수 궁금증 해결 4탄! (분수는 우리 생활에서 어떻게 사용되나요?) 2. 지난 시간 복습하기(수익 10~11쪽) 3. 대분수의 뺄셈하기(수학 16~17쪽) 4. 수학 보물 찾기 5. 수익 12~13쪽 풀고 채점하기 <오늘의 수학 보물> -분수 릴레파스!	e-학습터 교과서 배움공책	1. 수익 12~13쪽 풀고 채점하기 2. 배움공책 사진 찍어 수학 게시 판에 올리기		(단) 1. 분수의 덧셈과 뺄셈 (배) 대분수의 뺄셈하기 (활) 1. 분수 궁금증 배결하기 　2. 대분수의 뺄셈하기 　3. 수학 보물 찾기 (성) 1. 대분수의 뺄셈은~ 　2. 재미있었던 점, 어려웠거나 힘들었던 점
3	과학	<우리 생활에서 식물의 특징을 어떻게 활용할까?> 1.생활에서 식물을 활용한 예 떠올리기 2.도꼬마리 열매와 찍찍이 테이프의 특징 알아보기 3.생활에서 식물을 활용한 예 조사하여 글 올리기 (패들렛padlet) -나의 조사내용 올리기(글+사진) -친구들의 글 살펴보고 칭찬하트 누르기 4.생활에서 활용되는 식물의 특징 정리하기	e-학습터 교과서 배움공책 패들렛	1.실험, 배움공책 2.찍찍이 테이프 2생활에서 식물을 활용한 예 조사하 여 글 올리기(패 들렛)		(단) 1.식물의 생활 (배) 식물의 특징을 어떻게 활용할까? (활) 1.도꼬마리 열매vs찍찍이 테이프 　2.식물의 특징을 활용한 예 찾기 　3.생활 속 식물의 이용 정리하기 (성) 1. 알게 된 점, 느낀 점, 궁금한 점 　2.자세히 탐구해보고 싶은 식물 과 내가 알고 있는 그 식물의 특징
4	영어	1. e-학습터에서 수업흐름도 보고 이번 차시에 공부할 내용 미리 알아보기 2. e-학습터에서 공부하기 3. 배움 공책 적기	e-학습터 배움공책	배움공책 쓰기		(단) 8. It's on the Desk (배) 물건의 위치를 묻고 이해 답하 는 말을 듣고 이해하고 말하기 (활) 1. Look and Listen 　2. Listen and Repeat 　3. Chant and Play (성) 1. 알게 된 점 　2. 느낀 점
5	체육	1. e-학습터 영상 시청 2. 3분 몸풀기 준비 운동 3. 장애물 넘어 앞구르기 이해하기 4. 장애물 넘어 앞구르기 단계별 연습하기 5. 장애물 넘어 앞구르기 익히기(목 안전 유의) 6. 2분 정리 운동	e-학습터	영상보고 복습하기	.	
♣ 오후 만남		오늘 정리한 배움 공책 zoom화면에 보여주기 선생님과 zoom으로 인사하기	zoom			

감염 통신	◆ 안내 사항 1. 코로나 19예방을 위한 손 씻기 잘하기, 마스크 꼭 쓰고 외출하기, 사람들이 많이 모이는 장소에 가지 않기 2. 매일 안내된 가정학습 하고 확인란에 ○하기 3. 부모님이 매일 매 시간의 배움 활동을 확인해 주시기 바랍니다. 4. 건강에 이상이 있을 경우 담임 선생님께 연락해주시기 바랍니다.(연락이 없을 경우 이상 없음으로 학교에 보고합니다.) 5. 언제든지 문의사항이 있으실 경우 담임 선생님과 연락하시기 바랍니다. 6. 매일 e-학습터 출석 및 매일 자가 진단은 필수입니다. 7. 모르는 부분이나 궁금한 부분은 바로바로 선생님께(SNS로) 물어봅니다.

먼저 배움 계획에는 날짜, 시간표, 활동, 과제, 공책 정리의 5가지 내
용을 담았습니다. 그리고 각 교시별로 학생이 스스로 자신의 과제 및

참여도를 점검할 수 있는 자기 확인 칸과 학생들의 하루 배움을 학부모님들이 확인할 수 있는 부모님 사인 칸을 마련하였습니다. 실제로 학부모님들은 이 배움 계획이 학생들의 수업 참여에 대한 책임감과 이해도를 높였다며 배움 계획 안내에 대해 긍정적인 반응을 보이셨습니다.

단원 평가 실시하기

학생들의 배움 과정을 직접 지켜볼 수 없는 만큼 이해도 및 성취도에 대해서도 지속적인 확인이 필요합니다. 그래서 e학습터의 평가 기능을 활용하여 단원 평가를 실시했습니다. 이 기능을 활용해 보니 온라인 평가의 장점이 크게 느껴져서 오프라인 수업 때도 활용하면 좋겠더라고요. 그럼 e학습터에서 단원 평가를 시행하는 방법과 그 효과를 소개하겠습니다.

e학습터 평가 등록하기(2021. 1. 26. 기준)

① e학습터의 '전체 메뉴'에서 평가 관리 > 평가 문항을 클릭합니다.

② 평가를 실시하고 싶은 날짜를 설정하고, 하단의 '출제하기'를 클릭합니다.

평가지를 만드는 방법은 크게 2가지가 있습니다. 첫째는 공유된 시험지를 그대로 사용하는 방법이고, 둘째는 문항을 직접 선택하여 평가지를 만드는 방법입니다.

1. 공유된 시험지 사용하기

① '공유 시험지' 탭에서 교과평가, 과목, 학년을 선택합니다. 그러면 해당 내용에 알맞은 시험지들이 뜹니다.

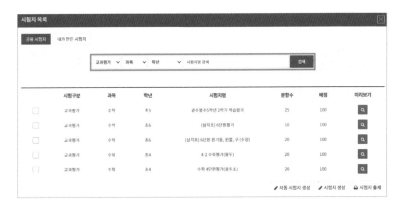

② 원하는 평가지를 체크하고, 시험지 출제를 클릭합니다.

③ 시험 시작일, 시험 종료일, 응시 가능 수를 입력하고 출제를 누르면 완성입니다.

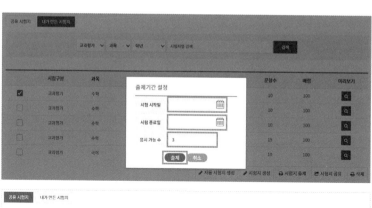

2. 직접 평가 문항 만들기

1) 시험지 만들기

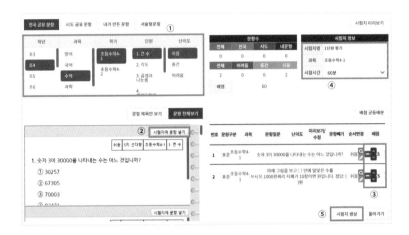

① 학년, 과목, 학기, 단원, 난이도를 선택하면 아래쪽에 해당 문항들이 나옵니다.

② 원하는 문항을 골라 '시험지에 문항 넣기' 버튼을 클릭하면 화면 오른쪽에 문항이 등록됩니다.

③ 문항 순서를 조정하고 배점을 입력합니다.

④ 시험지명과 시험시간을 입력합니다.

⑤ '시험지 생성' 버튼을 클릭합니다.

2) 시험지 출제하기

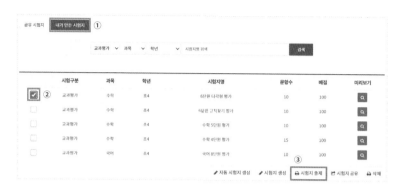

① '내가 만든 시험지' 탭에 들어가면 만든 평가지 목록이 뜹니다.

② 출제할 평가지를 선택합니다.

③ '시험지 출제' 버튼을 클릭합니다.

3) 시험 시작일, 시험 종료일, 응시 가능 수를 입력하고 출제를 누르면 완성입니다.

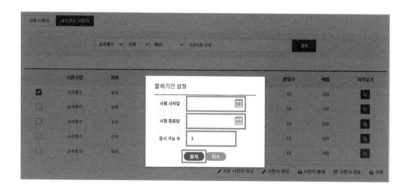

e학습터 평가의 좋은 점

e학습터 평가를 실시하면서 학생 개개인의 이해도 점검을 더욱 정확히 할 수 있게 되었습니다. 교실에서 평가지를 활용한 경우에는 평가를 실시한 후에 평가 결과를 다시 확인하기 어렵습니다. 평가지 뭉치를 뒤져 그 학생의 평가지를 꺼내기도 힘들고, 가정에서 확인한 후에 다시 제출하지 않는 학생도 많기 때문입니다. e학습터 평가는 이를 보완할 수 있습니다.

언제든 꺼내 볼 수 있다

e학습터 평가 결과는 학생의 응답 결과를 언제든 다시 볼 수 있고, 시간이 지난 후에도 학생의 평가 결과를 쉽게 확인할 수 있다는 장점이 있습니다. 수학과 같은 교과에서는 한 영역에 대해 1학기와 2학기의 내용이 연결되는 경우가 많은데, 그때 학생의 1학기 평가 결과를 보면 콘텐츠 제작 및 피드백 제공에 큰 도움이 됩니다.

'진짜'를 확인할 수 있다

학생들은 같은 평가 문항을 여러 번 해결하게 됩니다. 이 과정을 보고 학생의 이해도를 더 정확하게 확인할 수 있습니다. 학생들이 문항을 틀리는 경우는 크게 3가지 경우로 나눌 수 있습니다. 첫째, 전혀 모르는 경우, 둘째, 일부만 이해하는 경우, 셋째, 실수하는 경우입니다.

같은 평가 문항을 2~3회 해결하는 과정을 보면 학생이 '진짜 모르는' 부분이 무엇인지 비교적 정확히 확인할 수 있습니다. 교사는 이 부분에 대해 개별 피드백을 해 줄 수 있습니다.

동학년 선생님들과 협력하기

온라인 콘텐츠 제작은 생각보다 품이 많이 듭니다. 학생들과의 소통이 없기에 콘텐츠를 훨씬 섬세하게 계획하고 구성해야 합니다. 그렇기 때문에 담임교사 혼자서 하루에 5~6개의 콘텐츠를 만들기란 현실적으로 어렵습니다. 이럴 경우 동학년 선생님들과 협력하는 것을 적극 추천합니다. 동학년 선생님들과 함께 수업을 만들기 위해서는 다음과 같은 과정이 필요합니다.

서로의 학급에 모두 가입하기

동학년 선생님들이 협력하려면 모두 서로의 학급에 가입되어 있어야 합니다. 우리 학급뿐만 아니라 동학년의 모든 학급에 가입되어 있어야 하는 것이죠. 가장 먼저 서로의 학급에 가입해 주세요.

선생님용 학급 만들기

e학습터에 학년 선생님용 학급을 만들고, 학년의 모든 선생님이 그 학급에 가입합니다.

과목 분담하기

가장 좋은 방법은 동학년 선생님들과 과목을 분담하는 것입니다. 1반 선생님은 국어 담당, 2반 선생님은 수학 담당 등으로요. 여기서 중요한 것은 형평성입니다. 국어는 주당 5시간 이상이고 도덕은 1시간이면, 국어 담당 선생님이 너무 힘들 수 있으므로 기본적으로 주당 3시간씩 맡고, 국어는 한 단원씩 돌아가면서 만드는 식으로 공정하게 과목을 분담하는 것이 좋습니다.

배움 계획 작성하기

선생님용 학급의 공지 사항에는 위와 같이 각 온라인 수업일의 배움 계획 게시글을 미리 만들어 둡니다.

각 게시글에는 배움 계획 양식을 미리 올려 두고, 내용에는 시간표를 적어 둡니다. 그리고 자신이 맡은 교과의 배움 계획을 작성하여 올립니다.

만약 사회 교과 담당이라면 첨부 파일을 내려 받아 사회의 내용을 입력합니다. 그리고 게시글을 수정하여 사회 내용을 입력한 파일을 올리고, 사회 옆에 '완료'라고 표기합니다. 그러면 이후에 내려 받는 선생님들은 사회 교과는 입력이 완료되었다는 것을 알 수 있습니다.

배움 계획 올리기

이렇게 해서 모든 선생님의 입력이 끝나면 학생들에게 배움 계획을 안내합니다. 가장 마지막에 배움 계획 입력을 완료한 선생님이 안내하는 역할을 합니다. 각 학급의 공지 사항에 들어가서 배움 계획을 올리면 됩니다.

여기서 꿀팁 한 가지를 알려 드릴게요. 각 학급에 일일이 들어가지 않아도 공지 사항 상단에서 학급별 게시판으로 바로 이동할 수 있습니다. 각 학급의 공지 사항에 들어가서 배움 계획을 올려 주세요.

학생들에게 배움 계획을 안내할 때는 첨부 파일의 내용을 함께 올리는 것이 좋습니다. 첨부된 한글 파일을 내려 받을 줄 모르는 학생들도 있고, 집에 한글 프로그램이 없는 경우도 있기 때문입니다.

배움 계획 한글 파일에서 표를 클릭하여 복사하고, e학습터 게시글 작성 때 붙여넣기를 누르면 표가 바로 입력됩니다.

강좌 올리기(선생님용 학급)

자, 이제 강좌를 올려야 할 차례입니다. 선생님용 학급에 날짜별로 배움 강좌를 개설하고 그날의 강좌를 올립니다.

강좌 복사하기(각 학급)

강좌도 마찬가지로 가장 마지막에 올린 선생님이 각 학급에 강좌 복사를 해 주면 됩니다. 강좌 복사 방법은 다음과 같습니다.

① 아무 학급이나 1개 학급에 접속하여 오른쪽의 '강좌 관리' 버튼을 클릭합니다.

② 강좌 목록이 뜨면 스크롤을 살짝 내려서 페이지 상단의 '강좌 복사' 버튼을 누릅니다.

			+ 강좌등록　　－선택된 강좌삭제　표시순서변경　[강좌복사]			
3	1월 8일(금) 배움활동	3개	목차관리	2020-12-29 08:00	공개강좌 등록	수정
4	1월 4일(월) 배움수업	4개	목차관리	2020-12-30 08:00	공개강좌 등록	수정
5	12월 30일(수) 배움수업(3교시 학교유튜브시청)	4개	목차관리	2020-12-24 08:00	공개강좌 등록	수정
6	12월 31일(목) 배움수업	6개	목차관리	2020-12-24 08:00	공개강좌 등록	수정
7	12월 29일(화) 배움수업	5개	목차관리	2020-12-24 08:00	공개강좌 등록	수정

③ 학급 목록에서 '선생님용 학급'을 선택하고 오른쪽 강좌 목록에서 복사할 강좌를 선택합니다. 아래 강좌 선택에 원하는 강좌가 체크되었는지 확인하고 'OO학급에 추가' 버튼을 누릅니다. 이때 평가가 등록되어 있는 경우에는 평가도 함께 복사해야 하기 때문에 ⑤번의 '교과시험(평가문항) 함께 복사'를 체크해 주는 것이 좋습니다. 등록을 누르면 강좌 복사가 완료됩니다.

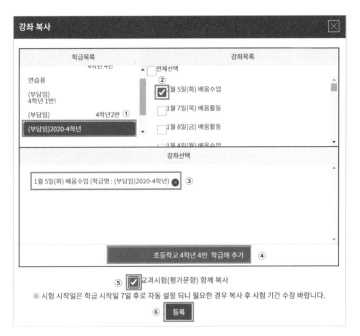

④ 다른 학급에 이어서 복사를 하려면 위의 '학급 선택'에서 강좌를 넣을 학급을 선택하면 됩니다.

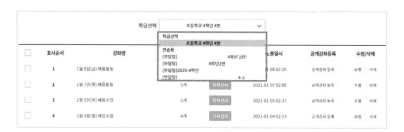

구글 설문지 수업
활용 팁

온라인 수업에서 어려운 점 중 하나는 학생들과의 소통입니다. 학생들은 교실에서 얼굴을 마주할 때보다 온라인 수업에서 이야기하기를 더 어려워합니다. 영상을 활용한 수업에서는 더욱 그렇습니다. 학생들과의 소통이 줄어들면 학생들의 학습 이해도나 활동에 대한 흥미도를 파악하기 어려워서 수업이 지루해질 위험이 있습니다. 이때 구글 설문지를 활용하면 학생들의 생각을 듣고 더욱 적극적으로 소통할 수 있습니다. 비슷한 도구로 네이버폼도 있으니 선생님의 취향에 따라 사용하시면 됩니다.

구글 설문지를 활용하기 위해서는 구글 아이디가 있어야 합니다. 구글 아이디가 없다면 먼저 회원 가입을 하고 시작해 주세요.

구글 설문지 만드는 방법

① 구글(google.co.kr)에 접속합니다.

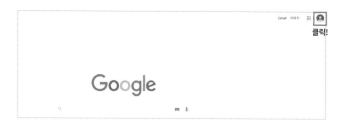

② 구글 드라이브에 접속합니다.

③ 새로 만들기 > 구글 설문지 > 빈 양식을 클릭합니다.

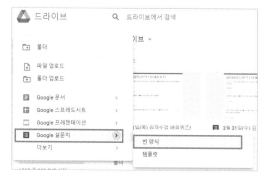

④ 원하는 문항 유형을 선택합니다.

⑤ 다음 문항을 만들기 위해 질문을 추가합니다. 학생들이 반드시 응답해야 하는 문항일 경우 하단에 있는 '필수' 문항을 설정합니다.

이렇게 만들면 구글 설문지 기본형이 만들어집니다. 구글 기본형 설문지는 수업에 다음과 같이 활용할 수 있습니다.

학생들의 만족도 조사하기(기본형)

기본형 설문지는 한 페이지 내에서 문항이 아래로 쭉 이어지는 형태입니다. 교실에서는 학생들의 즉각적인 표정과 반응을 통해 활동의 효과와 아이들의 만족도를 확인할 수 있지만, 온라인 수업에서는 그러한 피드백이 부족합니다. 구글 기본형 설문지를 활용하면 온라인으로 학생들의 만족도를 파악할 수 있습니다.

학생들의 만족도와 활동 효과를 높이기 위해 매 단원이 끝날 때마다 만족도 조사를 실시했습니다. 학생들은 자신들의 의견이 반영되는 것을 보고 뿌듯해하기도 하고, 선생님과 더욱 소통하는 느낌을 받더라고요. 더불어 수업에 대한 흥미와 관심도 높아지는 효과도 있었습니다.

만족도 조사 예시

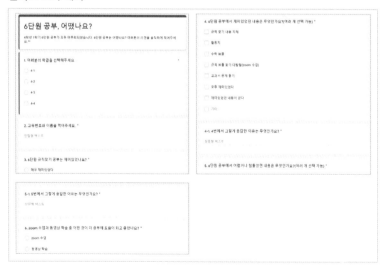

[수학] 퀴즈 만들기(섹션형)

갑작스러운 온라인 수업의 시작과 함께 학습 격차가 큰 문제점으로 대두되었습니다. 온라인 수업에서는 교사가 학생들 개개인의 학습 과정을 직접 지켜볼 수 없어서 즉각적인 피드백이나 도움을 제공하기 어려운 것이 그 원인 중 하나였습니다. 온라인 수업으로 인한 학습 격차를 방지하기 위해서는 지속적인 형성 평가를 통해 아이들의 학습 수준을 확인하는 과정이 필요합니다. 구글 설문지를 이용하면 재미있고 간단하게 형성 평가를 실시할 수 있습니다.

형성 평가에 활용하는 설문지 형태는 기본형 설문지와는 조금 다릅니다. 문제에 대한 집중력과 몰입도를 높이기 위해 한 페이지에 한 문제만 보이도록 만들었습니다. 이러한 형태는 '섹션'을 활용한 설문지입니다.

① 설문지의 제목을 입력한 후, 오른쪽 메뉴에서 '섹션 추가' 아이콘을 클릭합니다.

※ 설문지의 배경과 테마를 바꾸려면 오른쪽 상단의 🎨 아이콘을 누릅니다.

② 이제 새로운 섹션이 형성되었습니다. 이 섹션은 한 화면이라고 생각하면 됩니다. 응답자 입장에서는 한 화면에 한 섹션만 보입니다. 한 섹션마다 문항을 하나씩 출제하면 학생들은 화면에 보이는 한 문제씩 집중해서 해결할 수 있습니다.

③ 만든 섹션에 1번 문항을 입력하고 '객관식 질문 유형'을 선택한 후, 문제에 대한 답의 보기를 입력합니다. 평가 설문지이기 때문에 학생들이 정답을 누르면 다음 단계로, 오답을 누르면 해당 문항을 다시 해결해 볼 수 있도록 설정하겠습니다.

그렇게 하려면 응답에 따라 다른 화면이 나타나야겠죠? 오른쪽 하단에 ⋮ 문양을 누르고 '답변을 기준으로 섹션 이동'을 누릅니다. 틀렸을 경우 나올 재도전 섹션과, 맞혔을 경우 나올 다음 단계 문제 섹션을 만들기 위해서는 먼저 2단계와 같이 섹션을 하나 추가합니다.

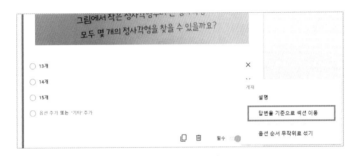

④ 새로 만든 섹션은 틀린 학생들이 재도전하는 공간입니다. 다음 사진의 ★과 같이 '문제 번호-재도전'이라는 제목을 붙이고 문제 내용은 앞의 1번 내용 그대로 입력해 줍니다. 그리고 ♡부분에 아이들이 문제를 해결할 수 있는 힌트를 제공하여 다시 도전하여 맞힐 수 있도록 합니다. 그리고 다음 단계 문제를 위한 섹션을 하나 더 추가합니다.

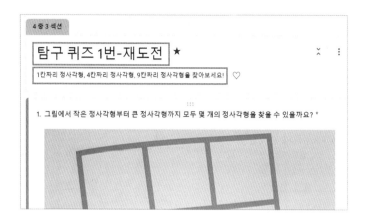

⑤ 새로 만든 섹션에는 정답을 맞힌 학생들이 해결할 다음 문제를 입력해 줍니다.

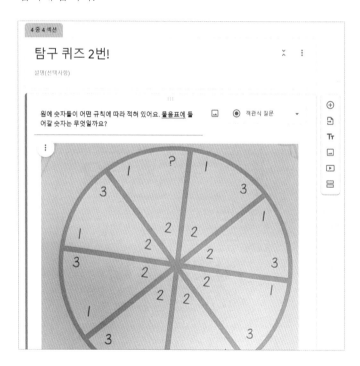

⑥ 이제 학생들의 응답 결과에 따른 문항 이동을 설정해 보겠습니다. 처음의 1번 문제로 돌아가 주세요. 이 문제의 정답은 '14개'입니다. 정답인 14개를 선택하면 '탐구 퀴즈 2번!' 섹션으로 이동하고, 오답인 13개와 15개를 선택하는 경우에는 '탐구 퀴즈 1번-재도전' 섹션으로 이동하도록 설정해 줍니다.

처음 하면 다소 복잡하게 느껴질 수 있지만, 이 6단계만 이해하면 쉽게 만드실 수 있을 거예요. 원하는 문항의 개수만큼 위와 같은 방법으로 만들어 주세요.

완성작 예시

◆ 구글 설문지를 활용한 형성 평가, 이런 점이 좋아요! ◆

학생들의 전체적인 이해도 점검이 가능해요

각 문항에 대한 학생들의 응답율이 그래프로 나타나기 때문에 학생들의 이해도, 문제의 난이도 등을 확인하는 것이 편리합니다.

학생 개개인의 응답 결과를 확인할 수 있어요

응답 탭에서 개별 보기를 누르면 학생 개개인의 응답 결과를 확인할 수 있고, 재도전에 참여했는지 한 번에 정답을 입력했는지도 알 수 있습니다. 재도전 여부를 확인해 보면 각 학생의 이해도를 교사가 더 정확히 파악할 수 있습니다.

[국어] 구글 설문지로 한 차시 수업 만들기

설문지를 활용한 수업의 장점은 학생들이 능동적으로 참여한다는 것입니다. 자신이 무엇인가를 생각하고 응답을 입력해야 하기 때문입니다. 학생들이 능동적으로 참여할 수 있는 '구글 설문지를 활용한 한 차시 수업'을 소개합니다.

본 차시는 6학년 국어 1단원 '작품 속 인물과 나' 중 인물이 추구하는 삶을 파악하는 차시입니다. 이를 위해 교과서 지문에 등장하는 추사 김 정희에 대한 영상 등 다양한 미디어 자료를 구글 설문지에 삽입하고 이에 대한 학생들의 의견을 응답할 수 있도록 했습니다.

이렇게 하면 학생들이 교실 수업에 참여하는 것처럼 수업 흐름이 끊기지 않고 한 흐름으로 집중해서 참여할 수 있습니다. 교사 입장에서도 학생들의 응답 결과를 확인하며 참여도를 확인할 수 있어서 좋습니다.

① 모든 설문지의 처음에는 이름을 입력합니다. 모든 문항에 '필수 응답'을 체크하는 것을 꼭 기억해야 합니다.

② 학생들이 흥미를 가질 만한 제재글 관련 영상을 삽입합니다. 이 때 유튜브 주소를 입력하면 설문지 내에서 유튜브 영상을 시청할 수 있습니다. (삽입 방법은 189쪽 참고)

③ 교과서 제재글을 읽고 내용 퀴즈를 해결할 수 있습니다.

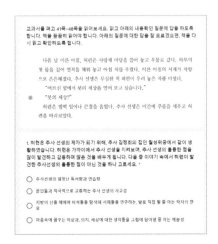

④ 교과서 문제 해결 영상을 삽입하고 본 차시 관련 핵심 내용을 마지막 정리 질문으로 제시합니다.

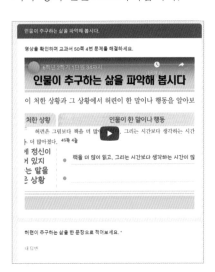

설문지에 유튜브 영상 삽입하는 방법

① 오른쪽의 '동영상 추가' 버튼을 누릅니다.

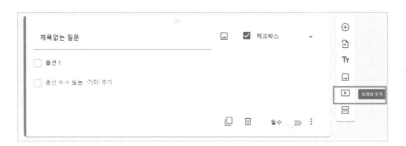

② URL 탭에서 원하는 유튜브 주소를 붙여 넣고 선택을 누릅니다.

[피드백] 상호 평가 및 자기 평가

상호 평가

학생들의 결과물이나 작품에 대한 교사와 친구들의 피드백은 매우 중요합니다. 구글 설문지를 이용하여 학생들이 서로의 작품에 대한 피드백을 제공할 수 있습니다. 서로 피드백해 줄 학생들을 교사가 배정해 줄 수도 있고, 모든 학생의 작품 주소를 공유하고 학생들이 희망하는 작품에 피드백하도록 할 수도 있습니다.

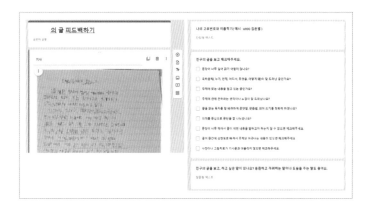

피드백 결과는 교사가 엑셀 파일로 저장하여 각 학생에게 전달하거나, 스프레드 시트 주소를 공유하여 학생들이 자신이 받은 피드백을 직접 확인할 수 있습니다.

문항은 교사가 학생들의 작품을 이용하여 설문지를 만들어 배포할 수도 있지만, 고학년이라면 스스로 구글 설문지를 만들어서 공유하는 것도 좋습니다. 단, 응답 결과는 교사에게 공유하도록 미리 안내해 주세요.

자기 평가

자기 평가는 프로젝트나 모둠 활동 등을 마친 후에 꼭 필요한 활동입니다. 이것도 구글 설문지를 통해 작성할 수 있습니다. 이때 학생들의 응답 결과는 교사가 다음 프로젝트나 수업 활동을 계획할 때 중요한 자료가 됩니다.

[평가] 구글 설문지로 단원 평가하기

e학습터의 평가 기능, 퀴즈앤 등 단원 평가를 위한 플랫폼은 여러 가지가 있습니다. 구글 설문지로도 채점과 점수 집계가 가능한 평가를 실

시할 수 있습니다. 평가를 위한 구글 설문지 만드는 방법을 소개합니다.

평가를 위한 구글 설문 만드는 방법

① 새 설문지를 만들고 오른쪽 상단의 ⚙️아이콘을 누릅니다.

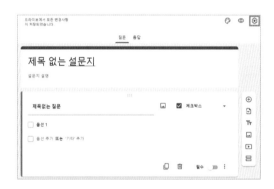

② '퀴즈' 탭을 눌러서 원하는 형식에 맞게 설정하고 '저장'을 누릅니다.

③ '객관식 질문' 문항을 입력하고 하단의 '답안'을 누릅니다.

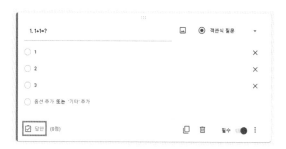

④ (객관식 유형) 문항의 정답을 누르고, 배정 점수를 입력한 후 '완료'를 누릅니다.

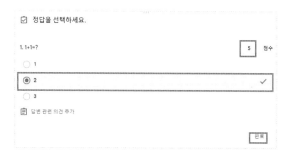

⑤ (주관식 유형) 정답을 입력합니다. 정답은 여러 개 입력할 수 있습니다. 채점을 원하면 '다른 답은 모두 오답으로 표시' 칸을 체크합니다.

⑥ 학생들의 화면에서 응답을 제출하면 다음과 같은 화면이 뜹니다. '점수 보기'를 누르면 채점 결과가 보입니다.

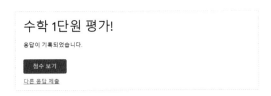

⑦ 문항별 채점 결과와 총점이 표시되어 학생들이 자신의 평가 결과를 확인할 수 있습니다.

쉽고 간편한
네이버 밴드 사용기

네이버 밴드는 초창기에 대학생들의 조모임용으로 만들어진 애플리케이션인데 점차 동호회나 학급 등 주제별로 모임을 할 수 있게 된 스마트 기기용 '게시판'입니다. 학급 밴드를 개설하여 수업에 활용하면 좋은 점이 3가지 있습니다.

첫째, 학생이 부담을 느끼지 않습니다.

많은 학생이 저학년 때부터 학급 밴드를 통해 알림장이나 안내문을 보거나, 사진을 봐 왔습니다. 평소에 학생들이 많이 써 봐서 잘 이용하고, 사용 방법에 대한 질문도 적습니다.

둘째, 접근성이 좋습니다.

e학습터는 PC를 기반으로 만들어진 것이다 보니 스마트 기기로 들어가면 인터페이스가 답답한 경우가 있습니다. 하지만 밴드는 스마트 애플리케이션으로 출시되었기 때문에 학생들이 스마트폰만 있다면 쉽게 사용할 수 있습니다. 자주 들어가 보지 않아도 알림이 뜨기 때문에 확인이 쉽습니다. 스마트 기기뿐 아니라 PC버전을 다운로드하면 어디서든 호환이 가능합니다.

셋째, 수업과 안내를 일원화할 수 있습니다.

블렌디드 수업을 시작하고 나서 알림장은 밴드를, 수업은 다른 애플리케이션을 이용했습니다. 학생들에게는 수업도 새롭게 배워 가는 것인데 그 도구까지 익혀야 하니 이중 부담이 되었죠. 밴드는 기능이 다양합니다. 따라서 교사와 학생의 실시간 라이브 수업부터 수행 평가 제출, 온라인 수업 안내까지 하나의 애플리케이션으로 가능하게 됩니다.

지금부터 밴드를 활용한 블렌디드 수업 사례를 소개하겠습니다.

수업 전

수업 안내하기

수업 안내는 알림장과 같습니다. 밴드 글쓰기로 알림장을 적고 확인 여부를 학생들에게 댓글로 달게 합니다. 간단히 '확인했습니다.'나 반응하기로 표시하여 확인 여부를 알 수 있습니다. 온라인 수업에 대한 안내장은 1일 배움 계획처럼 자세히 안내하면 좋습니다. 밴드글에 파일을 첨부하거나 다음날 출력하여 필요한 활동지를 올려놓을 수 있습니다.

 PC로 작성한 파일을 그대로 첨부할 경우에는 학생이 수업하는 기기에 따라 열리지 않는 경우가 있습니다. 번거롭게 파일을 열 수 있는 프로그램을 설치해야 하죠. 그래서 누구나 1일 배움 계획을 확인하기 편하도록 그림 파일이나 PDF 파일로 탑재하는 것이 좋습니다.

출석 체크하기

글쓰기의 '더 보기' 난에 '출석 체크' 기능이 있습니다. 제목을 'ㅇ월 ㅇ 일 ㅇ요일 등교하기'라고 기입합니다. 그 후 출석 멤버를 선택하고 이름 순으로 정렬을 해 놓으면 학생들의 출석을 확인할 수 있습니다. 출석 현황을 공개함으로써 투명성을 높일 수 있고, 나이스 출결 작업에도 자 료로 활용할 수 있습니다.

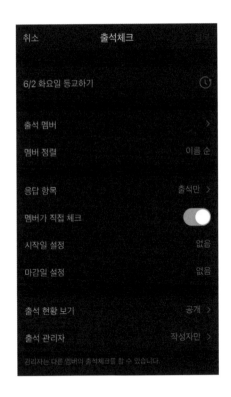

단순한 출석 체크가 지겹다면 '등교 미션'을 주어도 좋습니다. 가정에 있는 학생들은 등교할 때보다 활동성이 떨어집니다. 그래서 담임선생님이 학생들의 출석 시간에 맞춰 '내가 가장 아끼는 물건과 함께 셀카 찍어 올리기' 같은 미션을 게시글에 예약해 둡니다. 학생들이 댓글에 사진을 첨부해 올리면 출석이 인정되는 것입니다. 댓글에는 날짜와 시간이 함께 기록되기 때문에 출석을 구체적으로 확인할 수 있습니다.

수업 중

실시간 쌍방향 수업하기

밴드의 글쓰기 '더 보기' 난에는 '라이브 방송' 기능이 있습니다. 실시간 스트리밍을 할 수 있는 서비스입니다. 밴드는 멤버가 혼자여도, 따로 애플리케이션을 다운받지 않아도 라이브 방송이 가능합니다.

학생들의 얼굴은 보이지 않지만 채팅을 통해 반응을 확인할 수 있고, 야외에서도 간단하게 라이브 수업을 할 수 있다는 것이 라이브 방송의 장점입니다. 실시간 쌍방향 수업에 참석하지 못한 학생들을 위해 라이브 수업을 동영상으로 저장하거나 게시글로 공유할 수 있습니다.

몇 명이 보는지, 누가 보는지 시청 중인 멤버를 확인할 수 있습니다. 단, 라이브 방송은 최대 2시간까지 가능하므로 간단히 아침 조회나 종례를 하기 좋습니다.

모둠 구성하기

소집단을 구성하여 활동을 해야 할 경우 밴드에서 재미있게 모둠을
구성하는 방법이 있습니다. 바로 '참가 신청서' 기능을 통해 학생들 스
스로 소집단을 만드는 것입니다. 선착순으로 참가 신청을 받는 방법이
라 한 모둠이 채워지면 다른 모둠으로 가야 합니다.

다음 사진은 모둠 만들기 예시입니다. '최애 음식'을 주제로 6모둠을
만들었습니다. 학생들이 좋아하는 음식을 각 항목으로 지정하고, 4명
을 한 모둠으로 구성하였습니다.

선생님이 특정 주제를 가지고 각 모둠당 해당하는 항목을 설정한 후 인원수를 지정합니다. 해당글을 예약으로 설정해 두고 학생들에게 안내하면 선착순으로 모둠을 재미있고 쉽게 구성할 수 있습니다.

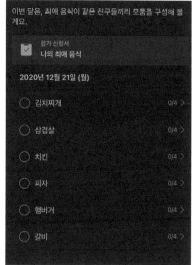

해당 교시마다 콘텐츠 제시하기

하루의 모든 수업을 한 번에 올려 두면 학생들이 몰아서 들어 버리곤 합니다. 이를 막기 위해 시정에 맞춰 수업을 일일이 업로드하는 것도 일이 되죠. 미리 콘텐츠를 만들어 올려놓고 학생들이 보아야 할 시간에 업로드하게 하면 얼마나 좋을까요? 밴드의 게시글 예약하기 기능을 사용하면 1교시부터 마지막 교시까지의 시정에 맞추어 미리 각 수업에 맞는 게시글을 예약해 둘 수 있습니다.

글쓰기의 '더 보기' 난에는 '글쓰기 설정'이 있습니다. 여기서 예약 시간을 설정해 두면, 교사가 미리 올려놓은 콘텐츠를 학생들이 공부해야 할 시간에 맞춰 볼 수 있습니다. 미리 학생들이 볼 영상과 첨부 파일까지 예약해 학생들은 각 교시마다 해당 학습을 스스로 할 수 있습니다. 그리고 쉬는 시간을 갖다가 다시 수업을 시작해야 할 때 밴드 게시글 알림을 통해 수업종을 듣고 수업에 참여하는 것이죠.

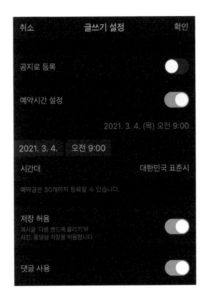

과제물 제출하기

교사가 올린 콘텐츠와 수업 안내를 보고 수업을 하고 난 뒤 학생들은 과제를 제출해야 합니다. 학생들이 게시글로 과제물을 제출하면 학급 밴드 첫 페이지에 마구 업로드되어 과제 제출 여부를 한눈에 파악하기가 어렵습니다. 학생들이 서로의 과제물을 확인하며 상호 피드백하기도 힘듭니다. 각 수업 게시글 아래에 댓글로 과제물을 사진으로 찍어 올리거나 파일을 첨부하게 하면 한곳에서 학생들의 과제를 확인할 수 있습니다.

그런데 수학 익힘책 풀이의 경우 학생들이 다른 친구들의 답을 보고 베낄 수도 있겠죠? 이처럼 학생들 간에 보면 안 되는 과제물은 비밀 댓글 기능을 이용합니다. 밴드 설정에서 '비밀 댓글 사용'을 활성화하면 됩니다. 학생들이 댓글을 쓰고 확인을 누르면 옆에 '자물쇠' 버튼이 생깁니다. 이 버튼을 클릭하면 초록색으로 자물쇠가 빛나고, 글 작성자와 리더, 언급한 멤버만 볼 수 있습니다. 교사는 비밀 댓글로 과제를 제출하지 않은 학생들을 '@이름'으로 언급하여 미제출 학생이 민망하지 않게 과제 제출을 독촉할 수 있습니다.

과제물별 댓글 유형 TIP

① 글쓰기

댓글 쓰기는 이번 수업을 통해 알게 되거나 느낀 점을 간단히 적을 때 쓰면 좋습니다. 하지만 저학년의 경우에는 직접 입력해서 글을 올리는 것이 어려우므로 추천하지 않습니다.

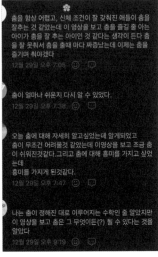

② 사진/동영상 올리기

수업한 내용을 필기한 '배움공책' 사진을 찍어 올리는 것으로 학생들의 수업 참여 여부를 확인할 수 있습니다. 저학년의 경우에는 선생님의 음성 메시지를 하나씩 듣고 받아쓰기를 하여 사진을 찍어 올릴 수도 있습니다. 미술 시간에는 학생들의 작품을 사진으로 찍어 댓글로 올리면 확인하기 편합니다. 음악의 가창 수업이나 기악 연주 수업은 동영상 올리기로 학생들의 수준을 확인할 수 있습니다.

저는 'vlog 만들기' 프로젝트 수업을 진행했는데요. 'vlog 만들기 PBL'의 경우 학생들의 결과물도 동영상 올리기로 하면 좋습니다. 개인 발표 수업의 경우에도 학생들에게 동영상을 댓글로 올리라고 알려 주면 모두 시간 안에 발표할 수 있습니다. 학년이 낮을수록 학생들의 결과물을 사진이나 동영상으로 확인하면 효과적입니다.

③ 음성 메시지

영어 '듣고 말하기' 수업 중 학생들의 듣기나 말하기를 점검할 때 '음성 메시지'를 활용하면 좋습니다. 교사가 밴드글에 '음성 메시지'로 학생들에게 질문하는 말을 영어로 녹음하여 올리면 학생들은 자신의 응답을 댓글에 '음성 메시지'로 녹음하여 올립니다. 이때 '음성 메시지'를 클릭하면 우측 상단에 설정 아이콘이 뜹니다. 설정을 클릭하면 자신의 녹음을 확인하고 전송할 수 있는 선택이 뜹니다. 학생들에게 이 기능을 알려 주면 자신이 만족할 때까지 재녹음하여 올릴 수 있습니다.

④ 파일 첨부하기

교사가 제시한 활동지가 한글 파일일 경우 집에 프린터가 없는 학생이 결과물을 올리기 좋은 방식입니다. 학생들이 교사가 업로드한 파일을 다운로드해서 파일을 작성한 후, 업로드하면 됩니다.

⑤ URL 링크 올리기

다른 온라인 도구를 이용하여 과제를 만들었을 때 좋습니다. 예를 들어 구글 독스나 미리캔버스로 만든 과제물, 구글 송메이커로 만든 자신만의 음악은 URL로 올리면 바로 링크를 타고 학생의 과제물을 확인할 수 있습니다. 음악이나 미술 시간에 저작권이 있는 음악이나 영상 혹은 그림을 친구들에게 공유하는 수업에서도 링크를 걸면 편합니다.

평가하기

학생들이 올린 과제물을 평가하는 방법에는 여러 가지가 있지만, 대표적으로 교사가 피드백해 주는 방법, 친구들이 상호 평가하는 방법, 자기 평가하는 방법이 있습니다. 모두가 할 수 있는 방법은 학생들이 올려 둔 과제물 댓글에 '대댓글'을 다는 것입니다. 교사는 학생에게 비밀 댓글로 부족한 부분을 이야기해 줄 수 있고, 공개 댓글로 칭찬해 줄 수 있습니다.

간단하게는 '표정 짓기'를 통해 과제에 반응할 수 있습니다. 학생들이 가장 좋아하는 방법인데 6가지 표정이 있어서 과제물에 다양한 감정으로 반응할 수 있습니다. 예를 들어 'vlog 만들기 PBL' 과제물을 올렸을 때 다음과 같이 자신이 느낀 감정을 표현하여 친구를 평가했습니다.

투표 기능으로 '자기 평가'를 할 수도 있습니다. 자기 평가를 할 때 가장 힘든 점은 자신의 결과물을 객관적으로 보기 어렵다는 것입니다.

그래서 평가 기준을 제공해 줍니다. 투표의 각 항목에 구체적인 '평가 기준'을 적어 두는 것이죠. 그러면 학생들은 자신의 과제물을 확인하고 부족한 부분을 스스로 찾아낼 수 있습니다. 투표 기능이 좋은 점은 어떤 학생이 어떤 항목에 투표했는지 알 수 있다는 것입니다. 교사는 학생들이 덜 체크한 곳을 확인하고 전체적으로 배움이 부족하다는 것을 인지해서 다음 수업에 보충하거나, 구체적인 방법으로 개별 피드백을 해 줄 수 있습니다.

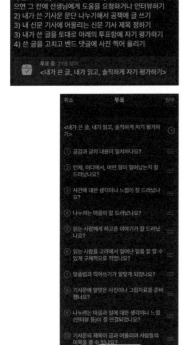

수업 후

오늘의 배움 공고히 하기

퀴즈 기능을 통해 학생들에게 '숙지하기 바라는 안내'나 '오늘 수업 중 핵심 내용'을 질문하면 좋습니다. 퀴즈 기능은 생긴 지 얼마 되지 않은 기능인데 주관식과 객관식 중 선택할 수 있고 각 퀴즈마다 배점을 둘 수 있습니다. 학생들의 응답을 보고 채점하고 학생별로 의견을 남길 수 있어 각각에 대한 피드백을 할 수 있습니다.

퀴즈 참여 멤버를 따로 설정하여 학생들 중 '보충이 필요한 학생'과 '심화가 필요한 학생'을 각각 지정하여 다른 퀴즈를 풀게 하면 피드백을 더욱 강화할 수 있습니다. 주관식은 글쓰기 답 외에 학생들이 따로 사진이나 파일을 첨부할 수도 있습니다. 댓글 쓰기 이외에 과제물 제출 방법으로 활용해도 좋습니다. 단, 파일은 퀴즈 시작 후 160일 동안만 저장되니 참고하세요.

과제 확인 및 체크하기

내일 수업을 준비하는 알림장과 더불어 오늘 수업 중 하게 된 것들을 꼼꼼하게 체크하게 하면 학생들의 자기 주도성을 키우는 데 도움이 됩니다. 과제를 안내하는 알림장 아래에 'To-Do'로 학생들이 오늘 1교시부터 6교시까지 제출할 과제물과 더불어 내일 준비할 것을 빠짐없이 챙겼는지 확인할 수 있도록 하는 것입니다. 하루를 정리할 수도 있고, 다음 날 다시 한 번 알림장을 보며 자기가 수업 준비를 잘했는지 파악할 수도 있습니다.

밴드를 영리하게 쓰는 TIP

Q1 밴드글이 너무 많아서 학생들이 찾기 어려워요.

A1 해시태그를 사용하세요.

밴드 게시글에 #을 이용해서 해시태그를 달아 두면 밴드 내 검색을 통해 분류된 게시글만 볼 수 있습니다. 간단히 알림장은 #년월일(#21316), #알림장, 학교의 안내장은 #안내장, 수업과 관련된 게시글은 #월일교시(#03161교시)와 같이 설정해 두면 학생들이 찾기 편하고 교사도 한 번에 글을 확인하기 편합니다.

Q2 학생들이 밴드에 게시글로 과제물을 올려 상호 평가하기 힘들어요.

A2 밴드 주소를 복사하세요.

밴드는 각 게시글마다 URL 주소가 부여됩니다. 해당 게시글의 더보기 난을 클릭하면 '주소 복사하기'라는 기능이 있습니다. 복사한 주소들을 한데 모아서 게시글로 올리면 학생들은 그 주소들을 클릭하면서 다른 친구들의 결과물을 감상하고 피드백해 줄 수 있습니다.

Q3 자꾸 알림장을 확인하지 않는 친구가 있어요.

A3 알림 보내기 기능을 활용하세요.

게시글을 누르면 내 글을 누가 읽었는지 멤버 목록이 뜹니다. 게시글을 잘 확인하지 않는 학생도 있고, 친절하게 안내하고 과제를 하라고 강조해도 하지 않는 학생을 온라인상에서 독촉하기란 힘듭니다. 게시글의 '더 보기' 난을 클릭하면 '알림 보내기' 기능이 있습니다. 게시글을 확인하지 않은 멤버들을 선택해서 알림 보내기를 누르면 각 멤버별로 알림이 뜨게 됩니다.

Q4 수업에 잘 참여한 친구에게 보상해 주고 싶어요.

A4 밴드 통계로 우수 멤버를 칭찬해 주세요.

각 밴드에서 하단 오른쪽의 설정 아이콘을 누르면 '밴드 통계'라는 탭이 보입니다. 밴드 통계에서 게시글, 콘텐츠, 댓글을 작성한 멤버들을 자세히 볼 수 있습니다. 또 '우수 멤버'의 활동들을 보면 어떤 학생이 자주 밴드에 들어와서 열심히 활동하고 참여했는지 알 수 있습니다. 처음에는 일일이 학생들의 과제물을 명렬표에 기록해서 보상했는데 애플리케이션의 똑똑한 기능을 활용하고부터는 잡무가 많이 줄었습니다.

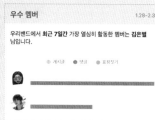

모임 도구로만 사용하던 밴드에 다양한 기능이 있다는 점이 놀랍지요. 익숙한 툴이기에 선생님들이 편하게 수업 도구로 활용하기 좋습니다. 쉬운 것부터 시작해 보는 것은 어떨까요? 학생들도 쉽게 이용하고, 학부모님들도 수업을 확인할 수 있어서 반응이 좋았습니다. e학습터와 다르게 아이의 수업 상황을 바로 볼 수 있어서 오히려 학생들이 반강제적으로 열심히 하게 되기도 한답니다.

유튜브 라이브,
나도 할 수 있을까?

유튜브 라이브란?

코로나19로 시작된 온라인 수업으로 인해 교사 출신 유튜버 크리에이터가 많이 생겼습니다. 실제로 선생님들이 사용하는 교육 플랫폼인 티처빌의 쌤동네, 아이스크림의 쌤튜브, 쿨스쿨의 샘스토리를 보면 과거에 비해 유튜브 영상을 업로드하는 선생님들이 늘어난 걸 확인할 수 있습니다. 불과 얼마 전까지만 해도 블로그 자료가 많았는데 확실히 영상의 시대가 되었습니다.

영상의 중심에는 유튜브라는 플랫폼이 있습니다. 애플리케이션과 리테일 분석 서비스인 와이즈앱&와이즈리테일에 따르면 유튜브의 월간 순사용자는 3,368만 명에 달한다고 합니다.[13] 사용 시간에서도 경쟁 사인 넷플릭스나 틱톡, 아프리카TV 등과는 비교되지 않을 정도로 월등한 우위를 차지했습니다. 한국인들이 가장 자주, 가장 오랫동안 사용하는 동영상 애플리케이션이라는 수식어가 아깝지 않은 게 유튜브라는 플랫폼입니다.

요즘에는 유튜브에서 생방송으로 진행되는 유튜브 실시간 스트리밍이 인기를 끌고 있습니다. 녹화, 편집된 영상을 시청하는 것을 넘어 실시간으로 구독자들과 상호 작용하는 문화가 생겨나는 것이지요. 유튜브 라이브는 쉽게 말해 유튜브라는 프로그램을 통해 진행되는 '생방송'입니다.

왜 유튜브 라이브인가?

처음에는 유튜버 크리에이터들 사이에서만 유튜브 라이브 방송이 인기를 끌었습니다. 그러다가 언젠가부터 공중파 방송에서도 유튜브 라이브를 사용하기 시작했습니다. 예를 들어 유재석, 비, 이효리가 만든 프로젝트 그룹 '싹쓰리'도 MBC의 「놀면 뭐하니?」라는 프로그램을 통해 만들어진 그룹이지만 실제 활동은 공중파 방송에만 머물지 않았습니다. 심심치 않게 유튜브 라이브를 통해 팬들과 만났습니다.

---

13 서진욱. (2020). 유튜브 사용자·시청시간 더 늘었다. 머니투데이. https://news.mt.co.kr/mtview.php?no=2020010708523928152 (2021년 2월 8일 접속)

그 이유는 무엇일까요? 유튜브에서 구독자라고 부르는 시청자들과 가깝게 교류할 수 있기 때문입니다. 방영되는 TV 프로그램을 수동적으로 보기만 하던 입장에서 시청자들에게도 능동적으로 참여할 수 있는 기회가 제공된 것이지요. 채팅창에 자신의 생각을 입력해서 타인과 공유할 수 있다는 점, 영상의 호스트가 내가 쓴 댓글을 읽고 실시간으로 반응해 준다는 점, 즉 수동적 참여에서 능동적 참여로의 전환이 유튜브 라이브가 인기를 끄는 이유입니다.

그런 점에서 유튜브 라이브는 교사들의 수업에 접목시킬 만한 가치가 충분합니다. 유튜브라는 공간이 교사의 일방적인 지식 전달을 넘어 학생들과 소통하며 함께 배워 가는 장이 될 수도 있으니까요.

유튜브 라이브 어떻게 할까?

많은 사람이 잘못 알고 있는 것 중에 하나가 유튜브 라이브는 구독자 1,000명이 넘어야만 할 수 있다는 것입니다. 하지만 이건 사실이 아닙니다. 구독자가 10명이어도 유튜브 라이브를 할 수 있습니다.

유튜브 라이브를 하는 방법은 크게 2가지로 나눌 수 있습니다. 첫째는 스마트폰을 활용하는 것이고, 둘째는 노트북 또는 데스크톱, 웹캠 조합을 사용하는 것입니다. 인코더를 사용하는 방식도 있지만 그 방법은 비교적 복잡하기 때문에 설명하지 않겠습니다.

사실 스마트폰(모바일 기기)을 활용해서 라이브 방송을 하는 게 가장 간편한데 여기에는 조건이 붙습니다. 채널의 구독자가 1,000명을 넘어야 한다는 것입니다. 이 조건 때문에 구독자 1,000명이 넘어야만 유튜브 라이브를 할 수 있다는 이야기가 퍼지게 된 것입니다. 그런데 유튜브를 처음 시작하는 '유린이' 선생님들에게 구독자 1,000명은 꿈의 숫자입니다. 그래서 스마트폰을 사용해서 유튜브 라이브를 하는 방식은 기존에 유튜브를 운영하고 있던 분들에게만 추천하고 싶습니다.

스마트폰에서 라이브 방송을 하는 것은 정말 간단합니다.

첫째 방법은 유튜브 애플리케이션을 작동시키고 실시간 스트리밍 버튼만 누르면 끝입니다. 조금 더 고품질의 영상을 원한다면 스마트폰 전용 외장 마이크를 사용하면 됩니다. 다양한 제품이 있기 때문에 특정 제품을 추천하기는 어렵습니다. 검색창에 '스마트폰 마이크'를 검색해보길 바랍니다. 분명한 건 마이크를 사용한 것과 사용하지 않은 것의 차이가 크다는 사실입니다. 의외로 학생들은 소리에 민감합니다. 음질이 좋아지면 강의 실력도 좋아 보일 수 있습니다.

둘째 방법은 노트북 또는 데스크톱 웹캠 조합으로 라이브 방송을 하는 것입니다. 이때 요구되는 구독자 수는 없습니다. 유튜브 라이브를 원하는 누구나 할 수 있습니다. 필요한 준비물은 다음과 같습니다.

◆ 유튜브 라이브 준비물 ◆

노트북(PC와 웹캠), 유튜브 계정(본인 인증 뒤 하루가 지나야 함), 마이크, OBS 프로그램

노트북에는 대부분 카메라가 장착되어 있기 때문에 노트북 1대만 있으면 기본적인 준비는 되었다고 할 수 있습니다. 사실 마이크도 노트북 내장용 마이크를 사용하면 따로 준비할 필요가 없습니다. 노트북을 준비하기 어렵다면 PC에 웹캠을 설치해서 사용할 수 있습니다. 이때는 마이크가 필요합니다.

문제는 OBS^{Open Broadcaster Software}라는 프로그램입니다. 실시간으로 방송하고 녹화하는 걸 도와주는 프로그램입니다. 방송과 녹화 2가지 모두를 도와준다는 게 특징입니다. 모바일이 아닌 노트북이나 PC를 활용해서 라이브 방송을 하기 위해서는 반드시 이 OBS가 필요합니다. 그러면 이 OBS를 어디서 구할 수 있을까요? 유튜브 고객센터를 통해 OBS 역할을 해 주는 소프트웨어들을 무료로 다운로드할 수 있습니다.

유튜브에서는 OBS, Stage Ten, Streamlabs OBS, XSplit Broadcaster, Wirecast와 같은 방송, 녹화 소프트웨어를 제공하고 있습니다. 이중에서 가장 많이 활용되는 것은 앞서 소개한 OBS입니다. 이 프로그램들을 사용해 영상에서 보이는 범위나 기록하고 싶은 구역을 설정할 수 있습니다. 영상을 시청하게 될 학생들이 보게 될 방송 화면을 구성하는 것이죠. OBS 프로그램을 구동시켜 라이브 방송을 하면 끝입니다.

유튜브 라이브로 하는 온라인 수업 팁 3가지

유튜브 라이브를 이용해서 수업을 해 본 선생님들은 "생각보다 어렵지 않다.", "생각보다 재미있다."라고 말합니다.

물론 실시간으로 모든 것이 여과 없이 나가기 때문에 부담스럽습니다. 하지만 유튜브 라이브를 하는 목적을 떠올리면 부담감이 줄어들 것입니다. 유튜브라는 매체를 사용하긴 해도 어디까지나 '수업'이라는 사실입니다. 그동안 매일 교실에서 4~5시간씩 해 오던 것입니다. 너무 잘하려고 부담 가질 필요 없습니다. 평소에 하던 것처럼 천천히 여유롭게 하면 됩니다. 유튜브라고 크게 다를 건 없으니까요. 유튜브 라이브로 수업을 해 온 선생님들이 알려 주는 수업 팁 3가지를 소개합니다.

걱정하지 마세요. 아이들은 인자합니다

처음 유튜브 라이브를 이용해 수업을 하면 아이들이 어떻게 생각할지가 많이 걱정됩니다. 학교 오기 전이나 방과 후에 유튜브를 보는 게 아이들의 일상이라, 눈이 당연히 높아져 있을 테니까요. 선생님이 아무리 열심히 해도 전문 스트리머들만큼 재미있게 진행할 수는 없고요.

처음에 이것저것 누르다가 갑자기 화면이 꺼져 버리기도 하고, 아이들이 입력하는 채팅 내용을 모두 다 읽어 주려다가 준비한 것을 하나도 하지 못하고 이야기만 주고받다가 시간이 끝나 버리기도 했습니다. 혀가 꼬여서 말실수도 하고요.

그런데 유튜브 라이브로 하는 수업이 몇 차례 반복되면서 여유가 생기고 실력도 점점 좋아졌습니다. 그렇게 되기까지는 아이들의 도움이 컸습니다. 서툴고 실수가 많았지만 아이들은 인자하게 기다려 주었습니다. 악성 댓글을 달면 어쩌나 걱정했는데 아이들은 "선생님, 천천히 하세요. 기다려 드릴게요.", "쌤! Relax, 플리즈!"라고 이야기해 주었습니다.

그러니 걱정하지 마세요. 아이들도 평소와 다른 상황이라는 것과 선생님이 고군분투하고 있다는 사실을 다 알고 있으니까요.

안 볼 것 같은 학생을 격하게 아껴 주세요

유튜브 라이브 방송뿐만 아니라 밴드 라이브나 줌과 같은 플랫폼을 사용할 때 보지 않고 딴 짓 하는 학생은 무조건 있다고 생각합니다. 줌을 켜 놓고 다른 화면을 보거나 스마트폰을 봐도 외관상으로는 파악할 수 없습니다. 여러 개의 다른 창을 띄워 놓더라도 어차피 눈은 모니터를 보고 있으니까요. 하물며 유튜브 라이브는 서로의 얼굴을 보지 못하기 때문에 틀어 놓고 다른 행동을 하는 학생을 찾을 방법이 없을뿐더러 행동을 바꿔 줄 수 있는 방법 또한 많지 않습니다. 학생들이 수업에 집중하지 않는 걸 제재하기 어렵습니다.

그렇다고 포기할 수만은 없어서 방법을 고민하다가 제대로 안 볼 것 같은 학생을 격하게 아껴 주는 방법을 사용했습니다. 교실에서 수업할 때도 즐겨 사용하는 방법인데, 수업을 잘 안 듣고 있을 것 같은 학생 1~2명에게 중점적으로 관심을 쏟습니다. 그 학생들의 이름을 반복해서 부르고 방금 설명한 내용을 이해했는지를 학생들의 언어로 표현해 보게 합니다. 이런 질문이 반복되면 수업에 집중하지 않을 수가 없습니다. 선생님의 질문 공세를 받아내려면 정신을 바짝 차려야 하니까요.

유튜브 라이브에서도 마찬가지입니다. 영상 내용에 집중하고 있지 않을 것 같은 학생들의 이름을 반복적으로 불러 보세요. 화면만 켜 놓고 다른 행동을 하다가도 내 이름이 자꾸 들리면 신경 쓰일 수밖에 없습니다. 더불어 아주 간단한 질문을 던진 다음 채팅창에 대답을 해 달라고 하는 것도 대안이 될 수 있습니다. 만약 그 학생이 대답을 늦게 하면 집중해서 듣고 있던 다른 학생들이 채팅창에 이런 글을 쓰게 되지요. "○○이 어디 있어?", "○○야, 얼른 대답해야지.", "○○이 수업 안 듣고 다른 유튜브 보고 있는 것 아니지?" 집중하지 않을 수 없겠죠?

필기 내용을 업로드하게 해 주세요

유튜브 라이브로 수업을 제대로 들었는지 확인하기 위해 필기한 내용을 사진으로 찍어 제출하게 합니다. 수업을 제대로 듣지 않으면 필기를 제대로 할 수 없습니다. 수업이 끝나자마자 구글 폼 주소를 보낸 뒤 필기한 사진을 업로드하게 하거나, 수업 내용과 관련된 문제를 풀이하거나 질문을 적어 보는 형성 평가의 시간을 5분 동안 가져 보는 것도 좋습니다. 비대면 실시간으로 이루어지는 유튜브 라이브가 가진 단점을 보완해 줄 수 있는 방법들입니다.

아이패드 뒀다
여기다 쓰자

아이패드, 어떻게 활용할 수 있을까?

사람들이 아이패드를 사는 이유는 무엇일까요? 첫째, 예쁩니다. 가지고 있는 것만으로도 기분이 좋아지지요. 둘째, 휴대성이 좋은 작업 환경입니다. 스마트폰으로는 불편할 수 있는 작업을 넓은 화면과 유용한 애플리케이션들로 편리하게 수행할 수 있습니다.

그런데 아이패드에 모든 계획을 일원화하고 제작물도 만들어 낼 것이라는 기대로 아이패드와 애플펜슬을 구입하지만 아이패드의 무궁무진한 활용 방법을 알지 못해 유튜브만 시청하는 예쁜 기계로 전락시키기도 합니다. 지금부터 아이패드를 스마트하게 사용할 수 있는 방법을 알려 드리겠습니다.

교육 과정 관리

학기 초에 짜 놓은 교과 교육 과정이나 시수를 파악하기 위해 교육 과정 책을 자주 보게 됩니다. 그런데 휴대하기가 어려워 필요할 때 바로 확인할 수가 없으니 불편한 경우가 많습니다. 아이패드에 파일을 다운로드해 놓으면 학기 초에 기획한 교육 과정을 불러와 편집할 수 있습니다. 실제로 이루어지는 교육 과정을 바로 반영하고 활용하는 것이지요. 아이패드에 한글 워드 문서를 편집하는 것은 쉽지 않지만 PDF 파일로 저장하면 가능합니다.

아이패드로 교육 과정 시수 관리하는 방법

① 한글 문서로 만든 교육 과정을 PDF로 저장합니다.
② 파일 애플리케이션을 통해 PDF 문서를 불러옵니다.

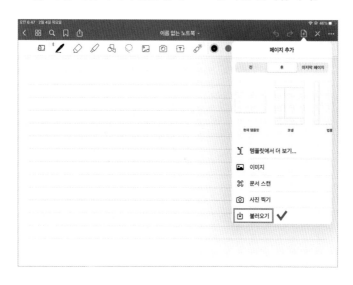

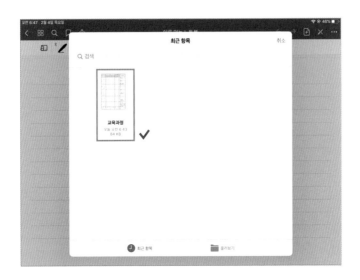

③ 교육 과정 중 차시를 이행한 것은 하이라이트로 체크합니다. 바뀐 시수는 다른 색으로 덮은 후 수정합니다.

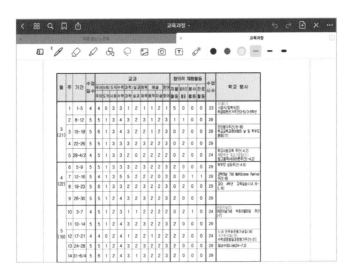

월	주	기간	수업일수	국어	도덕	사회	수학	과학	실과	체육	음악	미술	영어	자율활동	동아리활동	봉사활동	진로활동	수업시수	학교
	1	1~5	4	4	0	3	3	1	2	1	1	2	**2**	5	0	0	0	23	3·1절(1) 시업식/입학식(2) 학급임원선거수간
	2	8~12	5	5	1	3	4	3	2	3	1	2	**2**	1	1	0	0	29	
3 (21)	3	15~19	5	6	1	3	4	3	2	1	2	3		0	2	0	0	29	진단평가주간(15~ 학교교육과정이행 총회(17)
	4	22~26	5	5	1	3	3	3	2	3	2	3		0	2	0	0	29	
	5	29~4/2	4	5	1	3	3	2	0	2	2	2	2	0	2	0	0	24	학교사랑교육 주간 제82주년 개교기념 및 고올독서마라톤
4 (22)	6	5~9	5	5	1	3	3	3	2	3	2	3		2	0	0	0	29	학부모 상담주간(~
	7	12~16	5	4	1	3	5	5	2	2	2	2	0	3	0	0	1	1	29	과학의날 기념 Math 주간(~16)

수업 콘텐츠 제작

다양한 방법으로 수업 콘텐츠를 제작할 수 있습니다. 다음은 그중에서 자주 사용하는 2가지입니다.

E교과서로 수업 콘텐츠 제작하기

온라인 수업을 할 때 가장 기본적인 수업은 교과서 중심의 지식 전달 수업입니다. 거꾸로 교실에서도 많이 사용하는 방법인데, 학생들에게 기본 지식을 안내하기 좋고, 학생들이 이해가 되지 않을 때 여러 번 반복해서 학습할 수 있다는 장점이 있습니다. 배움 주제의 핵심이 될 수 있는 교과서 내용을 그대로 수업하면서 교사는 콘텐츠 제작에 대한 부담을 덜고, 교사가 잘하는 강의를 할 수 있어 편합니다.

이 방법은 E교과서와 교사의 목소리만 있으면 아이패드에서 수업 콘텐츠를 바로 만들 수 있습니다. 애플펜슬이 있으면 PC로는 태블릿이 있어야 할 수 있는 일을 바로 할 수 있어서 더욱 편합니다. 손가락으로 쓸 때보다 좀 더 정교한 글씨 쓰기와 표기가 가능합니다.

교과서 내용만으로 부족하다고 생각된다면 아이패드의 기본 애플리케이션으로 배움공책에 쓸 내용을 판서할 수 있습니다. 화면 녹화 중에 다양한 애플리케이션을 이용해도 화면이 모두 '사진' 애플리케이션에 저장되기 때문에 시간에 구애받지 않고 쭉 이어서 녹화할 수 있습니다. 사진보관함에 저장된 비디오는 편집 기능의 자르기나 화면 돌리기 등으로 간단하게 편집할 수 있습니다.

E교과서로 수업 콘텐츠 제작하는 방법

① 가르치고자 하는 교과서의 PDF 파일을 다운로드합니다.

② PDF를 열 수 있는 애플리케이션에서 파일을 엽니다.

③ 아이패드의 기능 중 '화면 기록'을 실행합니다.

④ '화면 기록'을 길게 누르면 녹화와 녹음을 동시에 설정할 수 있습니다.

⑤ 교과서의 중요한 부분에 밑줄이나 하이라이트를 체크하고, 답을 적어 가면서 수업을 합니다.

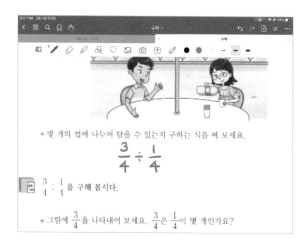

⑥ 수업이 다 끝나면 화면 기록을 중지합니다.

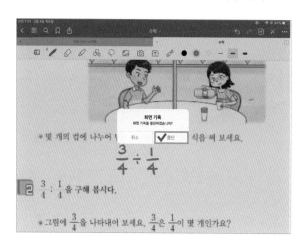

수업 콘텐츠를 가공하거나 편집하기

학생들에게 수업 콘텐츠로 날것의 자료만을 제공하는 것보다 하나의 영상으로 만들면 기승전결이 잘 갖추어져 학생들이 학습할 때 끊임이 없고 몰입감도 좋습니다. 학생의 배움 환경에 따라 다양한 프로그램에서 제작된 자료들이 열리지 않는 경우도 있어서 온라인 콘텐츠를 동영상으로 제작하는 것은 필수가 되었습니다.

기존에 만든 다양한 자료를 아이패드의 애플리케이션으로 불러와 동영상 편집을 빠르게 진행할 수 있습니다. 가장 많이 쓰이는 것은 아이패드 기본 애플리케이션인 i-movie입니다. 동영상 편집 애플리케이션으로 화면 전환 효과 및 자막, 소리 첨가가 가능합니다. 영상 제작의 초보라도 매뉴얼 동영상을 10분만 보면 사용할 수 있습니다. 초등학생 4학년도 영화 만들기 PBL을 할 수 있을 만큼 조작하기 쉽습니다. 무엇보다 무료입니다.

좀 더 편하고 직관적으로 사용할 수 있는 애플리케이션으로는 루마퓨전이 있는데 i-movie를 쓰다 보면 느끼는 답답함을 해소할 수 있을 만큼 만족도가 높습니다. 이 애플리케이션은 유료라는 점 참고하세요.

앞서 설명한 아이패드 화면 녹화 기능을 이용해서 2차 제작을 해도 좋지만 중간중간 넘어가는 구간을 편집해야 해서 동영상 편집 애플리케이션을 이용하는 것이 편리합니다.

아이패드로 수업 콘텐츠 만들 때 쓰면
좋은 애플리케이션들

Explain EDU(유료)

아이폰 화면 녹화 기능과 더불어 수업 콘텐츠를 한 번에 만들 수 있는 애플리케이션입니다. 교사가 교실에서 수업할 때 다양한 수업 자료(동영상, 사진, 표 등)를 판서와 함께 사용하듯이 하나의 애플리케이션 안에서 자료와 설명 부분을 합칠 수 있습니다. 조작이 간편하고 이 애플리케이션 안에서 다양한 기능을 사용할 수 있어서 편리합니다. 유튜브 라이브처럼 화면을 분할해서 교사의 모습을 동시에 녹화할 수도 있습니다.

굿 노트(유료)

말 그대로 노트입니다. 애플펜슬과 궁합이 가장 잘 맞는 애플리케이션으로 알려져 있습니다. 다이어리를 정리하거나 대학에서 강의를 요약 정리할 때 많이 사용하는 애플리케이션입니다. 앱스토어에서 최상위를 유지하고, 업데이트도 자주 이루어집니다. PDF를 띄워서 교과서와 사진을 이용한 수업을 하기에 좋습니다. 애플펜슬을 이용하여 판서를 하는 것도 편리합니다.

아이패드 메모

굿 노트나 Explain EDU는 유료라서 이용하기 부담스러운 사람들에게 추천하는 아이폰의 기본 애플리케이션입니다. 손글씨나 워드로 작성할 수 있어 간단한 메모를 하기 좋습니다. PDF 파일이 준비되지 않아도 메모 안의 도큐먼트 스캔 기능을 이용하면 어떤 자료라도 깨끗한 화질로 바로 얻을 수 있는 등 유료 애플리케이션 못지않은 기능을 지니고 있습니다.

루마퓨전(유료)

앱스토어 영상 편집 1위 애플리케이션입니다. i-movie와 비교했을 때 고화질, 뚜렷한 자막, 좀 더 전문적인 편집을 할 수 있습니다. 아이패드를 사용할 때 제스처를 활용하면 키보드 단축키를 쓰는 것처럼 편한데, 루마퓨전은 손가락 제스처로 콘텐츠를 자르거나 복사할 수 있고, 하나의 동영상을 소리와 영상으로 분리할 수 있습니다. PC에서 영상 편집을 해 본 사람이라면 인터페이스가 비슷하게 구성되어 있어 어렵지 않게 적응할 수 있습니다.

플렉슬(유료 및 무료)

교사뿐만 아니라 학생들도 사용하기 좋은 애플리케이션입니다. PDF 뷰어와 노트 필기를 동시에 한곳에서 이용할 수 있습니다. 특히 기존 필기 노트 애플리케이션들과 다르게 PDF에 나와 있는 중요한 내용을 드래그하여 그림이나 글을 노트로 옮겨 올 수 있습니다. PDF를 PC에서 편집하려면 유료로 프로그램을 다운로드해야 하는데, 이 애플리케이션으로는 자유롭게 편집할 수 있습니다.

프로크리에이트(아이패드프로)

아이패드로 하는 포토숍입니다. 어려운 포토숍을 직관적으로 사용할 수 있게 했습니다. 간단하게 사진 위에 그림을 그릴 수 있으며, 애플펜슬을 이용하면 더욱 정교한 작업을 할 수 있습니다. 연필, 붓, 색연필, 크레파스, 목탄, 서예붓 등 다양한 툴을 활용할 수 있습니다.

아이패드로 고민 해결하기

온라인 수업을 하다 보면 가장 부담스러운 것이 교사의 얼굴 노출입니다. 교사들이 줌 수업을 꺼리는 가장 큰 이유이기도 합니다. 얼굴을 노출하지 않으면서 학생들의 흥미를 불러일으키는 방법이 바로 애플의 애니모티콘 기능입니다. AR를 적용한 기술인데 교사의 얼굴에 가면을 쓴 모습을 보여 줄 수 있습니다. 동물부터 사물, 로봇, 캐릭터까지 다양한 얼굴로 교사의 모습을 표현할 수 있습니다.

애니모티콘을 사용하는 방법으로는 캐릭터의 얼굴만 둥둥 뜨게 녹화하는 방법, 교사의 몸과 뒷배경은 유지한 채 얼굴만 합성하는 방법 2가지가 있습니다. 둘 다 애플의 메시지 기능에서 이용할 수 있습니다. 원래는 메시지를 보낼 때 사용하는 기능으로 보내는 사람이 정해져야 활성화되기 때문에 보내는 사람의 휴대전화 번호나 가짜 이메일 주소를 적어야 합니다. 다음은 애니모티콘 영상을 만드는 방법입니다.

배경이나 몸통 없이 얼굴만 저장하는 방법

① 문자 메시지 아래의 애니모티콘 버튼을 클릭합니다.

② 다양한 애니모티콘 중 하나를 선택한 후 얼굴을 프레임에 맞추고, 오른쪽 하단의 녹화 버튼을 누른 채로 녹화합니다. (최대 30초까지 가능)

③ 메시지 보내기 버튼을 누르고, 메시지 상태창에 뜬 녹화본을 누릅니다.

④ 저장 버튼을 누르면 사진 애플리케이션에 저장됩니다.

배경이나 몸통을 유지한 채 마스크만 쓰는 방법

① 문자 메시지 왼쪽의 카메라 버튼을 클릭합니다.

② 카메라 애플리케이션이 켜지면 비디오로 맞추고, 녹화 버튼 왼쪽의 별 표시를 클릭한 다음 애니모티콘 버튼을 클릭합니다.

③ 애니모티콘 중 하나를 선택한 후 얼굴을 프레임에 맞춥니다.

④ 녹화한 후 메시지 칸에 영상이 뜨면 보내기 버튼을 클릭합니다.

⑤ 메시지에 뜬 녹화본을 클릭합니다.

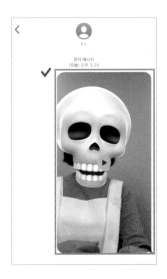

⑥ 저장 버튼을 누르면 사진 애플리케이션에 저장됩니다.

애니모티콘을 사용하면 좋은 상황

① 영어 수업 중 role-play 녹화하기

영어 수업을 할 때 dialog 비디오는 꼭 필요합니다. 하지만 저작권 문제로 그대로 사용하기 힘든 경우가 있습니다. 다양한 역할을 교사 혼자 해야 할 때 마스크를 바꾸어 끼며 더 흥미로운 자료를 만들 수 있습니다. 기존에 있는 애니모티콘뿐만 아니라 자신만의 특별한 애니모티콘을 만들 수 있어서 활용 방법은 더욱 많습니다.

② 국어 수업 중 읽기 자료 읽어 주기

저학년은 읽기에서 수준 차이가 많이 납니다. 학생들에게 읽기 자료를 음성으로 들려주면 구분이 명확하지 않아 혼란스러운 경우도 있습니다. 이때 애니모티콘을 활용하여 읽어 주면 저학년의 경우 더욱 재미있게 글을 접할 수 있습니다.

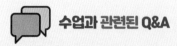 **수업과 관련된 Q&A**

Q1 아이패드를 처음 사용해요.

A1 유튜브에 '아이패드'로만 검색해도 전문가나 일반인들이 아이패드 사용법을 알려 주는 친절한 동영상이 많습니다. 교사 크리에이터도 많으니 자신에게 맞는 유튜브를 활용해서 아이패드의 기능을 익히면 더 다양하게 활용할 수 있습니다. 추천하는 유튜브는 '방구석 리뷰룸'입니다. 간단한 아이패드용 애플리케이션 사용법을 잘 설명해 놓았으니 영상 제작에 관심 있거나 IT 기기 사용법에 궁금하다면 참고하세요.

Q2 아이패드가 옛날 버전인데 괜찮을까요?(혹은 아이폰밖에 없어요.)

A2 수업 콘텐츠 제작은 최신 기기와 갖추어진 환경에서만 할 수 있는 것이 아닙니다. 애플펜슬이 지원되지 않는 아이패드에어2 모델로도 대부분의 영상 편집 애플리케이션을 구동할 수 있습니다. 아이폰은 화면이 작을 뿐 아이패드에 있는 기능이 다 있어서 영상을 편집하거나 수업 콘텐츠를 제작하기에 아무런 문제가 없습니다. 최신 버전이라면 기존 아이패드보다 더 좋은 사양일 수도 있습니다.

파워포인트 수업 자료는
어떻게 만들까?

'내 스타일에 맞는 수업 자료를 사용하고 싶다.'라는 생각을 가진 선생님들은 수업 자료를 만들 때 파워포인트를 많이 사용합니다. 파워포인트는 워낙 잘 알려진 소프트웨어로서 사용법이 쉽습니다. 그런데 의외로 많은 선생님이 파워포인트 자료를 만드는 것에 어려움을 겪고 있습니다.

아이들의 눈높이에 맞게 아기자기한 느낌도 있어야 할 것 같고, 맥락에 따라 적당한 애니메이션 효과도 필요할 것 같습니다. 그러다 보니 직접 만들기는 부담스럽고 '잘 만들어진 자료가 있으면 좋을 것 같은데…'라는 생각에 인디스쿨을 찾아 헤맵니다. 하지만 온라인 수업에서는 다운로드한 자료에 대한 저작권 문제를 고려해야 합니다. 내 교실 안에서만 사용한 자료들이 이제는 새로운 저작물이 되어 온라인상에

유포되기 때문입니다.

저작권 문제에 휘말리지 않는 가장 안전한 방법은 직접 만드는 것입니다. '직접 만들어 본 지 오래 돼서 자신이 없는데….', '미적 감각이 없어서 제대로 만들 수 있을지 모르겠네.'라는 생각에 부담스러울 수 있지만, 다행히 요즘에는 편하게 수업 자료를 만들 수 있도록 도움을 주는 무료 템플릿이 충분히 공유되고 있습니다. 지금부터 소개하는 수업 자료 제작 팁들을 참고하면 이제 파워포인트 만들기에 대한 부담에서 벗어날 수 있습니다.

파워포인트 수업 자료 만들 때 알면 좋은 3가지 팁

무료 디자인 도구 활용

불과 몇 년 전만 해도 파워포인트 카페에서 잘 만들어진 파워포인트 서식을 활용해 수업 자료를 만들었습니다. 그런데 요즘에는 미리캔버스나 망고보드와 같은 무료 디자인 플랫폼들이 있어서 이미 만들어진 프레젠테이션 템플릿을 변형하여 나만의 수업 자료를 쉽게 만들 수 있습니다.

표지 슬라이드부터 개요, 내용, 마무리까지 모두 다 만들어져 있습니다. 선생님들은 디자이너가 제작해 놓은 템플릿을 선택한 뒤 수업 내용에 맞춰 글과 이미지만 변경하여 편집하면 끝입니다. 한 번 해 보면 무척 간단해서 다시 찾을 수밖에 없는 매력적인 방법입니다. 다만 이용하는 폰트나 이미지에 따라 워터마크(폰트나 이미지 뒷면에 복제를 막기 위한 글이나 그림이 표시되는 것)가 표시될 수 있다는 점을 기억해 두세요. 물론 온라인 수업 자료로 활용할 때는 워터마크가 있다고 해도 그리 문제가 되지는 않습니다.

세상에서 제일 쉬운 화면 녹화와 오디오 녹음

고품질의 파워포인트 자료를 만들었다고 해도 이 자료만으로 수업을 대체할 수는 없습니다. 자료만 보내 준 다음 "알아서 열어 보세요."라고 할 수는 없으니까요. 그래서 온라인 수업 자료로 파워포인트를 활용하는 선생님들은 대부분 슬라이드 쇼 녹화 기능을 사용합니다. 슬라이드 쇼를 진행하면서 그 위에 선생님의 목소리를 입혀 동영상으로 만드는 것. 온라인 수업에서 가장 많이 사용하는 자료 유형이죠?

말로만 들었을 때는 굉장히 손이 많이 갈 것 같은 작업이지만 전혀 그렇지 않습니다. 클릭 네 번이면 끝납니다. 파워포인트 메뉴에서 '슬라이드 쇼 〉 슬라이드 쇼 녹화'를 선택합니다. 여기까지 벌써 클릭 두 번입니다. 그 다음은 첫 번째 슬라이드에서부터 녹음할 것인지 현재 슬라이드에서부터 녹음할 것인지를 선택하면 됩니다. 2가지 중 하나를 선택한 다음 녹화 버튼을 누르면 끝입니다.

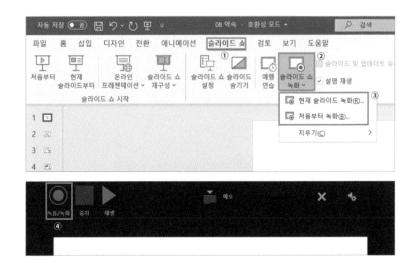

　　파워포인트 프로그램에서 '녹화'와 '녹음'이라는 2가지 단어를 모두 사용하고 있어서 혼란스럽다고 느끼는 선생님들도 있습니다. 그런데 원리를 알면 왜 서로 다른 두 단어를 사용했는지 이해할 수 있습니다. 슬라이드 쇼 녹화 기능은 엄밀히 말하자면 녹화가 아니라 슬라이드 쇼에 나의 음성 설명을 추가하는 것입니다. 그렇기 때문에 녹화가 끝나면 슬라이드 화면 위에 녹음된 오디오 클립이 만들어지게 됩니다. 슬라이드와 오디오 클립이 합쳐지지 않고 분리된 상태로 나뉘어 있는 것입니다. 따라서 중간에 말을 조금 버벅거리거나 실수를 해도 처음부터 다시 녹화할 필요가 없습니다. 그 슬라이드에 녹음된 오디오 클립만 삭제하고 그 슬라이드만 다시 녹화하면 됩니다.

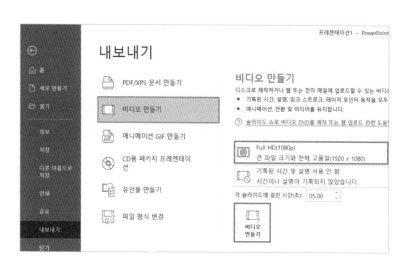

이제 둘로 나눠진 슬라이드와 오디오 파일을 합쳐 하나의 동영상으로 만드는 일만 남았습니다. 파워포인트 메뉴에서 '파일 > 내보내기 > 비디오 만들기'를 선택하면 슬라이드 쇼와 오디오 클립이 하나의 비디오 파일로 합쳐집니다. 슬라이드 쇼가 학생들이 볼 수 있는 비디오 자료로 재탄생되는 것입니다.

파워포인트가 아닌 다른 소프트웨어를 사용하여 강의하는 장면도 녹화할 수 있습니다. 예를 들어 마이크로소프트 원노트나 그림판에 그림을 그리며 설명하는 것, 지도를 보며 설명하는 것도 영상으로 만들 수 있습니다. 방법은 매우 간단합니다.

파워포인트 메뉴에서 '삽입 > 화면 녹화'를 선택하면 화면이 살짝 어두워지면서 녹화할 영역을 선택하는 조작 도구가 표시됩니다. 이 도구를 이용해 녹화하고 싶은 영역을 드래그해서 선택하면 화면 상단에 있는 녹화 버튼을 누를 수 있게 바뀝니다. 녹화 버튼을 누르면 '3, 2, 1!' 카운트다운과 함께 선택한 영역이 녹화되기 시작합니다. 그때 마이크에 대고 강의를 시작하면 됩니다. 강의가 끝나면 마우스를 모니터 중앙 상단으로 가져갑니다. 그러면 녹화를 종료할 수 있는 버튼(윈도+Shift+Q)이 나오고, 녹화 종료를 누르면 파워포인트 슬라이드 내에 방금 선택한 영역이 영상 클립으로 만들어집니다. 일반적인 비디오 파일을 삽입한 것처럼 표시됩니다. 이 영상을 따로 저장하여 업로드하고 싶다면 마우스 오른쪽 버튼을 클릭하여 '다른 이름으로 미디어 저장'을 누르면 됩니다.

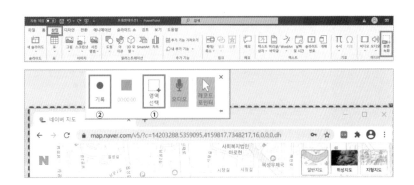

제목을 추가하려면 클릭하십시오.

녹화
종료 후
영상클립
으로
삽입됨

영상만 따로
저장하려면?
마우스 우클릭
-미디어 저장

저작권 걱정 없는 자료 사이트

파워포인트를 활용해서 수업 자료를 만들다 보면 학습 내용과 딱 맞아떨어지는 이미지나 영상이 필요할 때가 있습니다. 백문이 불여일견! 글이나 말로 설명하는 것보다 그림 한 장만으로 한 번에 이해되는 내용이 있지요. 그래서 많은 선생님이 수업 자료를 만들 때 이미지 자료를 사용합니다. 그런데 인터넷에 있는 이미지들을 함부로 사용하면 예기치 못한 저작권 문제가 생길 수 있습니다. 그렇기 때문에 자료를 수집할 때부터 저작권 걱정이 없는 사이트를 이용하는 것이 좋습니다. 다음에 소개하는 사이트는 저작권 문제가 없는 이미지, 영상 자료 사이트입니다.

◆ **저작권 걱정 없는 이미지 사이트**

추천 1 : 픽사베이Pixabay
추천 2 : 언스플래시Unsplash
추천 3 : 구글 이미지Google Image

◆ **저작권 걱정 없는 영상 사이트**

추천 1 : 커버Coverr
추천 2 : 라이프오브비디오Life of Vids
추천 3 : 마즈와이Mazwai

BLENDED
LEARNING

PART 4
블렌디드 수업 고민 해결하기

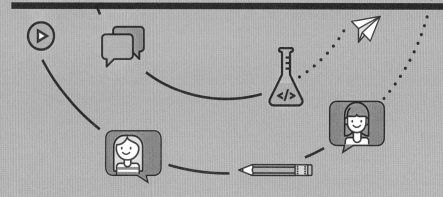

피드백을 어떻게
해야 할까?

평가가 진정성이 있으려면 성장이 동반되어야 합니다. 성장을 한다는 것은 아래 단계에서 위 단계로의 도약을 의미합니다. 수직 상승만이 아니라 수평으로 확장되어도 성장이라고 할 수 있습니다. 학생들이 스스로 도약하기는 어렵기 때문에 교사는 학생들에게 도약할 수 있는 적절한 받침대를 제공해야 합니다. 학생들이 어려움을 호소할 때 적절히 도와주고, 잘 해냈을 때 긍정적인 피드백을 해 주면 학생들은 몇 계단을 더 오르게 됩니다. 모두가 알고 있는 뻔한 이야기입니다. 하지만 알고 있는데도 잘 안 되는 것이 현실입니다.

넷플릭스에서 「넥스트인패션」이라는 TV 프로그램을 본 적이 있습니다. 세계 각국의 패션 디자이너들이 의상 디자인을 하며 순위를 매기는 프로그램인데 한국인 디자이너 김민주 씨가 우승을 한 것으로 꽤 유명했습니다. 디자이너들은 정해진 시간 안에 같은 주제나 같은 소재를 가지고 옷을 만들고, 이것을 런웨이에 세워 평가합니다.

처음부터 잘 해내는 사람도 있고, 처음에는 부진하다가 조언이나 도움을 받고 일취월장하여 우승을 하는 사람도 있습니다. 정해진 시간이 끝나고 런웨이에 모델이 서면 옷은 더 이상 고칠 수 없습니다. 이미 심사위원들이 봐 버린 이상 "최선을 다했다."는 말도 "바지 밑단만 조금 고치면 완벽하겠어요."라는 말도 결과를 바꿀 수는 없죠.

그런데 여기에 참가한 디자이너들은 쇼가 끝난 후 결과와 상관없이 피드백을 기다립니다. 그들의 우상급인 심사위원들에게 한마디 코멘트를 받는 것을 '영광'이라고 생각합니다. 이미 쇼는 끝났고 결과를 되돌릴 수도 없는데 옷에 대한 피드백이 디자이너들에게 무슨 의미가 있어서 그럴까요? 그 이유는 눈앞에 놓인 작은 목표보다 큰 목표를 이루는 데 그들의 피드백이 의미가 있기 때문이라고 생각합니다.

피드백이 의미가 있는 경우는 뭔가를 하는 과정 중에 조언을 받아서 좀 더 나은 결과물을 만들어 낼 수 있거나, 위처럼 결과가 나온 후라 할지라도 당사자가 '피드백을 열망'하는 경우입니다. 학생들에게도 피드백이 효과적이려면 이 2가지에 해당해야 합니다.

학생들에게 평가를 한다고 하면 "시험 보기 싫어요."라고 말합니다. 그리고 맹목적으로 시험을 위한 공부를 합니다. 시험을 보고 난 후에는 점수를 알고 싶어 할 뿐 그걸로 끝이죠. 일부 자기 주도적 학습이 가능한 학생들만 무엇을 틀렸는지, 어떤 것을 더욱 공부해야 하는지에 관심을 갖습니다.

학생들에게 시험이 끝났다는 것은 자신의 의상을 이미 런웨이에 올린 상태와 같습니다. 심사위원들의 코멘트도 필요 없습니다. 이미 결과는 나왔기 때문입니다. 교사는 학생들이 결과 후에도 피드백이 의미 있고 간절해지도록, 혹은 결과가 나오기 전에 피드백을 통해 도달할 곳에 좀 더 가까이 갈 수 있도록 해 주어야 합니다.

하지만 온라인 상황에서 학생의 수업 환경은 정돈되지 않은 '날것 그대로의' 현장입니다. 따라서 온라인 상황에서는 교사가 좀 더 친절해야 합니다. 학생들의 수업 환경이 그다지 친절하지 않기 때문입니다.

학생들의 온라인 수업 환경을 조사해 보면 학생들의 공부방이 갖추어져 있음에도 불구하고 거실이나 부엌 식탁에서 공부하는 경우가 많았습니다. 온라인 수업 중 무방비 상태로 다른 유혹거리에 노출되어 있습니다. 따라서 온라인 수업에서는 다양한 활동을 하기보다 하나의 활동에 집중하여 성취 기준에 도달하도록 해 주어야 합니다. 피드백도 직접적으로 해 주는 것이 학생들의 집중도를 높이는 데 도움이 됩니다.

피드백을 하는 방법은 교실에서의 수업과 같습니다. 하지만 온라인 수업 도구를 사용하기 때문에 모습이 조금 달라질 수 있습니다.

'잘되는' 피드백의 3가지 조건

온라인 상황에서 피드백이 잘되기 위한 3가지 조건이 있습니다. 앞서 말한 바와 같이 오프라인 수업 상황과 온라인 수업 상황은 매우 다르기 때문에 다음의 조건이 잘 지켜져야 교사도 어렵지 않고 학생도 지치지 않는 피드백을 할 수 있습니다.

간결하고 빠른 피드백

학생들은 모를 때 질문을 합니다. 질문한다는 것은 학생들이 모르는 것을 알고 싶어 하고 부족한 것을 보완하고 싶어 하는 아주 능동적인 상태를 뜻합니다. 답을 해 줄 때는 장황한 설명이나 의미심장한 발문보다 학생들이 간지러워하는 부분을 재빠르게 긁어 주어야 합니다.

학생들끼리 주고받는 상호 피드백이라면 긴장도가 낮기 때문에 시간이 좀 걸려도 괜찮지만 교사가 피드백해 주어야 하는 상황은 다릅니다. 학생들은 '정말 안 될 때' 교사를 찾기 때문입니다. 온라인 상황에서는 대개 누구도 도움을 받을 수 없는 상황이라서 교사의 피드백이 절박합니다. 교사는 학생들이 정답을 찾아갈 수 있는 아주 핵심적인 힌트를 주어야 합니다.

수업이 끝나고 시간이 오래 지나 버리면 학생들은 어떤 것에 오개념이 생겼는지, 궁금한 것이 무엇인지도 잊어버립니다. 교사가 바로 해 준 피드백을 학생이 제 시간 안에 볼 수 없다면 무의미하겠죠? 이처럼 피드백의 골든타임이 중요하기 때문에 저는 학생들이 실시간으로 자주 접할 수 있는 매체를 사용하길 권장합니다. 예를 들어 스마트폰이나 아이패드로 실시간 알림이 오는 대화형 앱이나 댓글 같은 것들 말입니다.

이렇게 하면 학생들이 배우고자 하는 흐름이 이어져 배움의 즐거움이 커집니다. 또한 배가 고플 때 먹는 간식이 가장 맛있는 것처럼 자신이 알고 싶을 때 도움을 받으니 큰 도약을 이루어 내기 쉽습니다.

 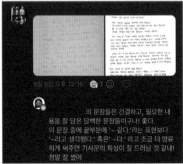

도달점을 분명하게 하기(루브릭 '잘' 보여 주기)

온라인 상황에서는 줌을 활용하지 않는 이상 학생들의 즉각적인 반응을 볼 수 없습니다. 학생들이 잘 이해했는지, 혹은 듣는 척하면서 웹툰이나 유튜브를 시청하지 않았는지 알 턱이 없습니다. 학생들이 수업을 들은 후에 무엇을 알아야 하는지, 배우고 나서 자신이 얻어 가는 것이 무엇인지를 알아야 필요한 것을 요청할 수 있습니다.

따라서 교사는 수업하기 전에 루브릭이나 도달점을 명확하게 명시해야 합니다. 형성 평가로 한 차시 수업의 도달점을 파악한다고 할지라도 형성 평가가 끝나면 학생들은 '끝났다.'라고만 생각할 뿐 단원 평가나 기말 평가라는 외압이 오기 전까지는 공부할 생각이 없어 보입니다. 그래서 형성 평가를 하기 전에 교사가 앞서 제시한 '알아야 할 것'을 한번 더 짚어 주고 나서 피드백을 하는 것이 좋습니다.

(   )기사문 셀프 체크리스트

글을 쓰고 난 뒤, 모둠 친구들에게 보여 주기 전,
나의 스스로 내 글을 점검해봅시다.

- [ ] 글의 주제와 내용이 일치하나요?
- [ ] 언제, 어디에서, 어떤 일이 일어났는지 잘 드러났나요?
- [ ] 사건에 대한 생각이나 느낌이 잘 드러났나요?
- [ ] 나누려는 마음이 잘 드러났나요?
- [ ] 읽는 사람에게 하고픈 이야기가 드러났나요?
- [ ] 읽는 사람을 고려하여 알맞은 어투를 사용하여 글을 썼나요?
- [ ] 글을 쓴 후, 맞춤법과 띄어쓰기를 체크했나요?
- [ ] 기사문에 알맞은 사진이나 그림 자료를 준비했나요?

루브릭을 학생들과 함께 만들며 학생들이 알아야 할 것을 끝까지 짚어 나가면 배움을 능동적으로 할 수 있습니다. '그냥 하기'가 아닌 '이유 있는 하기'가 되면 자기 평가를 할 때도 학생 스스로 의미 있는 성찰을 할 수 있습니다. 교사도 '형성 평가 전'에 피드백을 줄 수 있고, 이는 더 나아가 학력 신장이라는 도약도 이루어 낼 수 있습니다.

'그럴 수 있다'는 마음가짐

평가를 받을 때 두려운 것은 결과 그 자체라기보다 자신이 만든 결과에 붙는 코멘트, 즉 피드백입니다. 특히 많은 사람 앞에서 피드백을 듣는 것은 무척 두렵습니다.

온라인 상황에서 교사가 개인에게 주는 피드백은 은밀하기 때문에 괜찮지만 상호 피드백일 때는 상황이 달라집니다. 서로에게 긍정적인 피드백은 문제가 되지 않습니다. 하지만 조언과 교정이 필요할 때는 학생의 성격에 따라 그 상황이 매우 두렵고 어려워질 수 있습니다.

피드백이 온전히 이루어지려면 학생 모두가 '우리는 불완전한 존재'라는 것을 인정해야 합니다. 그래야 학생들이 친구들의 이야기를 귀담아 듣습니다. 인정이 없는 피드백은 쇠귀에 경 읽기일 뿐입니다. 국어 과목은 내가 철수에게 도움을 받을 수 있지만, 수학 과목에서는 내가 철수에게 도움을 줄 수 있다는 생각과 마음가짐을 가져야 합니다. 버츄 카드나 온 책 읽기를 통하여 모두가 불완전한 존재라는 것을 당연하게 여기도록 해 주어도 좋겠죠?

가장 중요한 것은 교사의 태도입니다. 실수했을 때 "그럴 수 있다.", "괜찮아."라는 말은 학생의 긴장도를 낮추어 줍니다. 교사도 실수한다는 것을 보여 주고 이를 딛고 일어서는 모습을 보여 주면 학생들에게 비할 바 없는 좋은 본보기가 될 겁니다. 상호 피드백에서 학생들 간의 갈등을 줄여 주고, 선생님에게 모르는 것을 질문할 수 있는 환경을 만들어 주는 것이죠.

피드백은 평가에서 필수이지만 '꼭 필요하지 않은 피드백'은 없어도 됩니다. 학생이 원하고, 학생에게 도움이 될 때 적절히 제공해 주는 것이 중요합니다. 온라인에서는 피드백할 수 있는 방법이 쉽고 다양합니다. 무엇보다 교사는 수업을 콘텐츠로 올리고 나서 남는 시간을 피드백에 집중할 수 있다는 점이 좋습니다. 지금 블렌디드 수업에서 대두되는 수업 결손과 학습 격차는 교사의 전문적인 피드백으로 줄여 나갈 수 있을 것입니다.

피드백의 4가지 종류

교사가 학생에게 하는 피드백

학생은 필요에 의해 교사에게 질문합니다. 아주 바람직한 학생의 모습입니다. 그런데 대부분의 학생은 그냥 모르는 채 넘어갑니다. 온라인 상황에서는 학생들이 아는지 모르는지를 파악하기 어렵기 때문에 교사는 학생들이 알고 있는지 확인할 수 있는 장치를 마련해 두어야 합니다. 앞서 다룬 다양한 평가 방법 중 하나를 골라서 학생들의 수업 후 상태를 진단했다면 교사는 직접적인 피드백을 해 주어야 합니다.

학생과 학부모들이 학교보다 학원이 좋은 점을 물어보면 "학원에서는 모르는 것을 쉽게 물어볼 수 있고 개별적으로 꼼꼼히 가르쳐 주어요."라고 말하기도 합니다. 온라인 수업은 개별 피드백이 잘 이루어질 수 있는 환경입니다. 학생이 풀어 놓은 문제를 본 후 교사는 음성이나 사진, 동영상으로 개별 피드백해 줄 수 있습니다. 이때 학생들이 자주 이용하는 메신저나 밴드, 클래스팅과 같은 접근성이 뛰어난 도구를 사용하면 효과적입니다.

학생이 학생에게 하는 피드백

상호 평가야 말로 피드백의 꽃이라고 할 수 있습니다. 학생은 교사보다 창의적이며 직관적입니다. 학생들이 서로 이야기할 때 교사가 미처 상상하지 못한 내용을 주고받으며 배움이 더욱 깊어지기도 합니다.

줌 수업을 할 때 소회의실 기능을 이용하면 학생들끼리 상호 피드백을 할 수 있습니다. 친한 친구와 구성하면 긴장도도 낮아지고 자기가 어려워하는 부분을 친구들에게 쉽게 이야기할 수 있습니다. 친구들의 결과물 발표를 보면서 스스로 자신의 부족한 점을 찾아 답을 구할 수도 있습니다. 친구들의 결과물에서 좋은 점을 발견하거나 칭찬해 줌으로써 온라인에서 친구들 간에 라포rapport(신뢰 관계)도 형성할 수 있고, 좋은 온라인 교실 문화를 형성할 수도 있습니다.

하지만 우려스러운 것이 있습니다. 학생들끼리의 피드백은 삼천포로 빠지고 사공이 많아 산으로 가기에 아주 좋은 환경입니다. 이 위험을 줄이는 방법으로 '평가 루브릭을 함께 만드는 것'과 '평가 루브릭을 제시하는 것' 2가지가 있습니다.

평가 루브릭은 '무엇을 배우는지 알게 하는 친절한 해설표' 같은 것입니다. 문제지의 답지를 보면 답과 해설이 나와 있습니다. 답으로 가는 친절한 설명과 같은 것이죠. 평가 루브릭을 알려 주면 어떤 것을 추구해야 하는지, 무엇을 중점으로 해야 하는지를 염두에 두고 이야기할 수 있습니다. 가장 좋은 것은 '평가 루브릭을 함께 만드는 것'이지만, 온라인 실시간 수업이 아니면 만들기 어렵고, 시간이 오래 걸린다는 단점도 있습니다.

교사가 '평가 루브릭을 제시하는 것'으로 학생에게 방향성을 제시해 줄 수도 있습니다. 예를 들어 수업을 시작할 때 "오늘 수업이 끝나면 나는 ~를 확실히 알게 된다."라고 학생들에게 미리 명시해 주는 것입니다. 교사가 지도안에서나 적는 평가 기준 같은 어려운 용어가 아니라 아주 쉬운 말로 가야 할 길을 제시해 줍니다. 이렇게 간단한 말은 온라인 콘텐츠에도 학습 목표 다음으로 제시하면 좋습니다.

학생 자신이 스스로 하는 피드백

나를 돌아보는 것, 자기 객관화를 하는 것은 어른도 하기 어렵습니다. 학생들이 자기가 만들어 낸 결과물에서 어떤 점이 좋았고 어떤 점이 부족했는지를 안다면 처음부터 제대로 된 결과물을 만들어 냈겠지요. 학생들은 대개 자신이 어떤 것을 잘 해냈는지, 부족한지 모릅니다.

예를 들어 음식점을 운영하는 사람이 자기 가게 음식만 먹다 보면 자기 가게 음식이 최고라고 생각하겠죠? 다른 가게의 같은 음식을 먹어 봐야 비로소 비교할 수 있습니다. 자기 피드백에서 선조건은 앞서 말한 교사 피드백과 동료 피드백입니다. 자기 객관화를 하기 위해서는 타인과의 상호 작용이 필요합니다.

자기 평가의 방법 중 하나로 성찰이 있습니다. '성찰'의 사전적 의미는 '자신이 한 일을 깊이 되돌아보는 일'입니다. 주로 내면적인 활동에 초점을 맞추어야 하지만, 초등학생의 경우 많은 연습을 하지 않으면 잘되지 않는 것이 현실입니다.

학생들에게 자기 피드백을 해 보라고 하면 "이번에 내가 게을렀다.", "친구들은 잘 해냈는데 나는 못했다. 좀 더 열심히 해야겠다." 같은 말을 합니다. 진심에서 우러나와 한 말이라면 다음에는 바로 바뀌어서 잘해 낼 것입니다. 하지만 무엇을 적을지 몰라 뻔한 말을 적는, 의미 없는 피드백을 하는 경우도 많습니다.

학생들은 성찰도 하나의 수행 과제물로 여깁니다. 오늘 해야 할 활동의 일부분으로 부담을 느낍니다. "성찰이 왜 어려워?"라고 물어보면 대부분의 학생은 수업이 끝나면 딱히 "할 말이 없는데 3~5줄을 써야 한다."고 말합니다.

성찰에 쓸 것이 없는 학생들을 도울 수 있는 방법은 없을까요? 바로 성찰 관점이 필요합니다. 관점은 평가 루브릭과 비슷할 수도 있고, 친구들에게 받은 피드백에서 나온 이야기를 덧붙여 쓰게 할 수도 있습니다. 우리 반 전체에게 나타난 '협업과 협동이 안 되는 양상'을 좀 더 구체화해서 제시할 수도 있고, '기한 내에 제출하였는지'와 같은 관점도 추가할 수 있습니다.

성찰 관점은 학생의 삶과 관련성이 높을수록 좋습니다. 예를 들어 국어 시간에 '감각적 표현'에 대해 배웠다고 해 봅시다. 그렇다면 '나는 (누구)에게 (상황)을 할 때, 감각적 표현을 사용해서 더욱 (   )하게 느끼게 해 주고 싶다.'라고 구체적으로 성찰을 제시할 수 있는 것이죠. 수업 중에 배운 '감각적 표현'이 문학 속에서만 발견되는 것이 아니라 우리가 직접 사용하면 효과적이라는 사실을 학생들에게 보여 줄 수 있습니다. 한편 자유롭게 성찰을 쓰도록 하는 것도 좋습니다. 이는 성찰을 쓰는 것이 아주 익숙하고 잘 훈련이 된 고학년에게 쓸 수 있는 방법입니다.

성찰은 내 것으로 만드는 과정입니다. 자기 피드백이야 말로 디자이너의 작품이 '런웨이에 서기 전'뿐 아니라 '런웨이에 선 후'에도 스스로 발전하기를 열망하는 학생으로 만드는 가장 좋은 방법입니다. 자기 피드백을 통해 학생들은 본인 스스로를 대견해하고 교사가 준비한 배움보다 더 많은 것을 배우기도 합니다. 이를 보는 것 또한 교사의 큰 기쁨

이자 수업 준비의 원동력이 됩니다.

가장 재미있었던 과정에 체크해보세요. *

☐ PBL 첫 시작에 이 PBL이 끝나고 나는 어떤 의미를 가질지 패들렛에 적어본 활동

☐ 구글 아트앤컬쳐에서 다양한 작품을 감상하고, 어플로 다양한 것을 경험해본 활동(증강현실 미술, 나와닮은 꼴...

☐ 화가를 정하고, 그 화가의 작품에 대해 조사하여 liveworksheet에 적어본 활동

☐ 나만의 미술 전시회를 영상으로 제작하고 어울리는 음악을 선택하는 활동

☐ 친구들의 미술 전시회를 감상하고 활동

☐ 친구와 협동해서 미술 전시회를 기획한 활동(혼자서 만들지 않았다면)

이 PBL 활동 중 내가 잘한 점, 나를 스스로 칭찬하고 싶은 점을 써보세요. *

장문형 텍스트

이 PBL 활동 중에 내가 어려웠던 점은 어떤 것이었나요? *

장문형 텍스트

이 PBL 활동 중에 내가 반성할 점은 있었나요? *

장문형 텍스트

학부모가 학생에게 하는 피드백

온라인 상황에서는 학부모님이 학생의 결과물을 볼 수 있는 기회가 많습니다. 교사가 닿지 못하는 곳은 학부모님의 손을 빌려서 하는 방법을 시도해 볼 수 있습니다. 바로 학부모님이 학생에게 주는 피드백입니

다. 학부모님의 피드백은 매우 엄격합니다. 과제물이 공개되는 상황에서 다른 아이의 것과 비교가 되기 때문입니다.

이때 교사의 역할이 아주 중요합니다. 어떤 점에 중점을 두어 피드백 해야 하는지 '평가 루브릭'을 제시하여 불필요한 꾸지람이나 갈등 상황이 야기되지 않게 해야 합니다. 따라서 학부모가 학생에게 하는 피드백이 필요한 경우에는 학생에게 직접적으로 하기보다는 학급 밴드에 댓글로 피드백하게 합니다. 프로젝트 수업이나 이벤트성으로 모두가 칭찬을 받을 만한 상황인 경우에 적용하면 좋습니다. 부모님의 긍정적인 피드백은 학생들에게 배움을 지속할 수 있는 행복한 경험이 되니까요.

어떤 준비물과 환경이 필요할까?

　성공적인 블렌디드 수업을 위해서는 학생과 교사 모두 수업에 편리한 도구를 갖추는 것이 필수적입니다. 학생들마다 도구가 다르면 교사가 준비한 수업 자료를 이용하지 못하거나 멀티태스킹이 불가능한 경우도 있기 때문입니다. 교사가 학생들과의 자유로운 소통을 위해 갖추어야 할 것들도 있습니다. 교사와 학생에게 필요한 준비물과 더불어 블렌디드 수업이 잘 이루어질 수 있는 이상적인 환경은 다음과 같습니다.

교사에게 필요한 준비물

PC(큰 모니터, 웹캠, 마이크, 스피커)나 노트북

온라인 상황에서 학생들과 소통할 수 있는 컴퓨터가 필요합니다. 노트북에는 웹캠과 마이크, 스피커가 내장되어 있어 따로 준비하지 않아도 되지만 PC에서는 웹캠과 마이크, 스피커가 필요합니다.

웹캠은 선생님의 얼굴이 잘 나오는 것도 중요하지만 무엇보다 수업에 필요한 실물 자료를 잘 비출 수 있을 정도로 화질이 좋아야 합니다. 온라인 실시간 수업 중에서 가장 힘든 점으로 화질이 좋지 않은 것을 꼽은 학생이 많습니다. 화질이 좋은 캠을 사용하면 학생들의 피로도를 낮출 수 있습니다.

마이크는 선생님의 목소리만 들리면 될 것이라고 생각할 수 있습니다. 그러나 악기를 연주할 때 높은 음역대의 소리나 아주 낮은 소리는 마이크가 잡아내지 못하거나 프로그램에 따라서는 스스로 차단해 버리기도 합니다. 적어도 리코더의 음역대는 잡을 수 있는 마이크를 구비하는 것이 좋습니다. 스피커는 학생들의 음성이 깨끗하게 잘 들리면 좋겠죠?

듀얼 모니터

모니터 1대로는 학생들과 온라인 실시간 수업을 원활하게 하기 어렵습니다. 학생들에게 수업 자료를 공유하고, 학생들의 표정으로 반응도 살피고, 과제물도 실시간으로 확인해야 하기 때문입니다. 수업을 하는 도중에 학생들이 채팅창에 올린 "선생님, 마이크가 안 들려요.", "화면이 멈췄어요.", "이해가 되지 않아요."라는 말들을 놓치지 않으려면 말입니다. 듀얼 모니터는 이런 일들을 최소화할 수 있습니다. 여유가 된다면 다른 컴퓨터로 쌍방향 수업 도구에 학생처럼 접속해 보세요. 내가 하는 수업이 학생들의 회면에는 어떻게 보이는지 확인하면서 진행하면 도움이 됩니다.

태블릿

태블릿은 웹툰 작가들이 그림을 그릴 때 쓰는 입력 장치입니다. 마우스로 판서를 하거나, 그림을 세밀하게 그리는 것은 매우 어렵죠? 태블릿은 직접 글씨를 쓰는 것처럼 표현할 수 있습니다. 교사는 판서를 주로 하기 때문에 고사양의 태블릿보다는 저렴하면서도 펜촉이 쉽게 닳지 않는 태블릿이 효과적입니다. 추천하는 모델은 와콤의 인튜어스 CTL-6100WL입니다. 작아서 휴대하기도 편하고 책상에서 자리를 많이 차지하지 않아서 좋습니다.

우리 반의 일원화된 소통망

구입해야 하는 준비물은 아니지만 원활한 블렌디드 수업을 위해 갖춰야 할 게 있습니다. 온·오프라인에서 모두 공유하고 소통할 수 있는 온라인 플랫폼을 하나로 정하는 것이 좋습니다. 학생이나 선생님들이 많이 쓰는 것으로는 네이버의 밴드나 e학습터, 구글 클래스룸, 클래스팅 등이 있습니다.

공유할 플랫폼은 PC나 노트북, 태블릿, 스마트폰으로도 쉽게 접속이 가능해야 하는데, 학생들이 보유하고 있는 기기가 다양하기 때문입니다. 학생들의 스마트폰에 알림이 잘 뜨는 것도 중요한데, 교사가 피드백했을 때 학생이 이를 즉시 받아들일 수 있는 '피드백 골든타임'을 놓치지 않도록 하기 위해서입니다.

'피드백 골든타임'은 학생에게 교사나 친구들이 해 준 피드백이 효과적인 시간을 의미합니다. 학생이 모르거나 어려워하는 상황이 생기면 교사가 즉각적으로 답변해 준다고 하더라도 학생이 확인을 늦게 하면 효과가 없을 수도 있습니다. 배움 안에서 학생이 성장할 수 있도록 실시간 알림은 꼭 필요한 기능입니다.

실시간 쌍방향 수업 도구

실시간 쌍방향 수업 도구도 교사가 준비해야 할 것입니다. 시중에 많이 나와 있는 실시간 쌍방향 수업 도구 중에서 교사와 학생이 쾌적한 환경에서 수업할 수 있는 것을 고르면 됩니다. 장시간 쌍방향 수업에서 학생들이 지쳐 하는 것이 '인터넷 연결이나 접속의 불안전성'이므로 많은 학생이 동시 접속을 해도 끊김이 없어야 합니다.

그리고 학생과 교사가 모두 화면에 잘 나올 수 있도록 화질이 좋아야 합니다. 온라인 실시간 수업을 하는 가장 큰 이유는 친구들과 함께 공부하기 위해서입니다. 학생들이 소집단으로 모둠 활동을 할 수 있고, 소규모로 회의방을 만들어 그 안에서 공부할 수 있는 도구를 선택해야 합니다.

교사에게 편리한 기능이 많은 것보다 우선시되어야 하는 것은 '학생들이 편리한가?'입니다. 교사가 활용할 수 있는 온라인 도구는 정말 많고, 필요하면 다른 도구들을 함께 사용하는 것도 가능하니, 쌍방향 수업 도구만큼은 학생들의 몸과 마음 건강에 좋은 것으로 선택하세요.

학생에게 필요한 준비물

크롬북(+ 구글 ID)

블렌디드 수업을 할 때 학생들에게 꼭 필요한 준비물은 휴대가 가능한 PC입니다. 태블릿은 휴대하기 편하지만 문서를 작성하고 다른 프로그램의 파일을 열거나 편집하기 어렵다는 점에서 아쉽습니다. 학생들이 소집단 활동을 할 때 키보드가 없으면 다양한 역할을 하기 어렵습니다. 모둠 활동 중에는 키보드가 있는 학생들이 기록을 담당해야 하는 상황이 생기기도 합니다.

태블릿 터치와 펜의 자유로움과 컴퓨터의 편리함을 두루 갖춘 노트북인 크롬북을 추천합니다. 크롬북은 크롬과 연동되어 있고 별다른 프로그램을 설치하지 않아도 크롬의 다양한 확장 프로그램을 이용하거나 협업할 수 있습니다. 학생들에게 구글 ID를 만들어 주면 더욱 편리하게 사용할 수 있습니다.

미니 화이트보드와 ○/×판

실시간 쌍방향 수업을 할 때 온라인 기기 조작에 능숙하지 않은 저학년이나 온라인 수업을 시작한 지 얼마 되지 않은 학생들에게 재미있는 수업을 하기 위해 필요한 도구입니다. 바둑판식으로 배열된 교사의 모니터에서 학생들의 정답과 의사 표현을 한 번에 확인할 수 있습니다. 다양한 과목에서 학습 게임이나 퀴즈를 할 때도 편리합니다.

아침 시간이나 종례 시간 등 학급 경영 면에서도 학생들의 상황을 체크하거나 기분을 나타낼 수 있습니다. 예를 들어 '지금 떠오르는 단어 적어 보기', '오늘 기분은 어떤지 동그라미 안에 표정으로 그리기'와 같은 주제를 화이트보드에 표현합니다. 또 '오늘 선생님의 수업을 적극적으로 참여할 자신이 있다.'에 ○/×로 표현하여 학생들의 수업 전 상태를 파악합니다. 수업이 끝난 후에는 '평가 요소'에 ○/×로 나타내며 평가할 수도 있습니다.

삼각대 및 거치대

수업 상황에서 학생들의 결과물을 사진이나 영상으로 만들 때는 누군가가 찍어 주어야 합니다. 온라인 수업일 때 집에 다른 사람이 없다면 그 학생은 가족이 올 때까지 과제를 해결하지 못합니다. 교실에서 모둠원들이 함께 화면에 나와야 하는 상황이 생기면 다른 모둠 친구에게 양해를 구해야 하죠. 스마트폰 거치대나 삼각대가 있으면 학생들이 편하게 촬영하거나 자신의 활동 상황을 선생님이나 친구들에게 바로 보여 줄 수 있습니다.

잘 배울 수 있는 환경 만들기

협업이 잘 이루어질 수 있는 책상과 의자

교실에서 학생들이 소집단별로 결과물을 만들어 나갈 때 학생들이 몰입하는 모습은 정말 예쁩니다. 그 상황에서 마음이 아픈 것은 학생들이 바닥에 엎드려서 결과물을 함께 만든다는 것입니다. 모둠 책상으로 만들어도 책상이 만나는 모서리가 평평하지 않고 서로 바라보는 책상과 의자의 방향이 달라 함께 작업하기가 어렵습니다. 저학년의 경우에는 힘이 부족하여 책상과 의자를 움직이는 것조차 어려워합니다. 학생이 따로 있어도, 함께 모여도 편안한 자세로 협업을 할 수 있는 책상과 의자가 준비되면 좋습니다.

교실 벽면을 에워싼 화이트보드와 게시판

학생들이 수업의 흐름이나 소집단에서 조사하거나 활동한 흔적들을 한눈에 볼 수 있는 환경을 마련하면 좋습니다. 바로 모둠 주변 벽면을 모두 칠판화하여 학생들이 자료를 자석으로 부착하거나, 아이디어를 적을 수 있게 하는 것입니다. 수업의 연결점을 찾을 수 있는 벽면 게시판을 구성하면 온·오프라인을 넘나드는 복잡한 상황에서 학생들에게 도움이 됩니다.

학생용 무선 컬러 프린터(복사 및 스캔 기능 포함)

온라인 기기를 사용하는 블렌디드 수업에서 학생들이 교사에게 가장 많이 원하는 것은 출력입니다. 교사가 출력해 주어도 되지만 학생 수가 많거나 출력할 것이 다양할 때는 한 번에 출력하기 힘듭니다. 학생들이 원하는 자료를 출력하거나 복사할 수 있게 학생용 컬러 프린터 (복사 기능 포함)를 준비하면 좋습니다. 종이에 그리거나 만들어 낸 자료를 플랫폼에 게시하기 위해서 스캔 기능이 있으면 더욱 좋습니다.

그밖에 필요한 것들

여러 명이 함께 이용할 수 있는 무선 인터넷 망 구축

오프라인 수업 상황에서도 학생들이 자유롭게 스마트 기기를 이용해서 개인이나 소집단의 결과물을 만들어 나갈 수 있는 환경이 갖춰져야 합니다. 어떤 자료를 검색하거나 열람해도 막힘없이 작업할 수 있어야 합니다. 블렌디드 수업 환경에서 갖춰야 할 첫 번째는 다수의 학생이 동시에 인터넷에 접속해도 끊기지 않고 작업할 수 있는 쾌적한 무선 인터넷 망입니다. 가정에서 쓰는 와이파이 공유기는 몇 명만 접속해도 인터넷 환경이 매우 느려집니다. 전 학교에 강력한 무선 인터넷 환경이 갖추어져야 합니다.

방음이 되는 모둠 연습실(큰 스크린, 화이트보드, 카메라, CCTV)

오디션 프로그램을 보면 큰 연습실에서 각 소집단이 함께 연습하기도 하고, 작은 독립된 공간에서 소수의 인원이 집중적으로 연습을 하기도 합니다. 학생들도 '발표'나 '결과물 제작'을 위해 독립된 공간이 필요합니다. 영상을 찍을 때면 수업 중인 왁자지껄한 교실을 떠나 조용한 야외 공간을 찾아 나서야 합니다. 뿔뿔이 흩어진 모둠들을 한 명의 교사가 케어하기는 어렵습니다.

모둠 연습실이 있으면 한 공간에서 큰 스크린을 통해 모둠별로 만든 자료로 발표 연습을 하고, 카메라로 자신들의 모습을 찍어서 확인할 수 있습니다. 화이트보드에 결과물을 걸어 놓고 발표하기도 합니다. 교사는 중앙에서 각각의 연습실을 CCTV로 보며 학생들의 안전을 확인하고, 도움이 필요한 소집단에게는 즉시 도움을 줄 수 있습니다.

생활 지도는 어떻게
해야 할까?

초등학교 교육에서는 교과 지도만큼 학생들의 생활 지도가 중요합니다. 교과와 관련된 지식을 쌓고 탐구하는 것도 중요하지만 학생들이 학교생활에 적응하고 성장해 가는 데 도움을 주는 것도 교사로서 챙겨야 하는 막중한 일이니까요. 하지만 온라인 수업 환경에서는 생활 지도가 쉽지 않습니다.

실제로 전라남도교육청에서 교사 1,930명, 학부모 1,297명, 학생 1,310명을 대상으로 실시한 설문 조사 결과, '인성 교육과 생활 지도의 한계'가 '학생들의 수업 관심도 저하'에 이어 온라인 수업의 두 번째 단점으로 꼽혔습니다.[14] 그런데 이 2가지는 묘하게 연결됩니다.

---

14 정승호. (2020). 전남지역 교사들 "코로나로 학생 생활지도 어렵다.". 동아닷컴. https://www.donga.com/news/Society/article/all/20200625/101694742/1 (2021년 2월 8일 접속)

온라인 수업을 하다 보면 중간에 학생들이 흥미가 없어 다른 행동을 한다든지 다른 생각을 하는 경우가 있습니다. 그러면 선생님은 이렇게 말합니다. "집이라고 하더라도 교실에 앉아 있는 것처럼 선생님과 친구들의 이야기에 귀 기울여 주세요." 일종의 생활 지도입니다. 결국 학생들의 수업 관심도는 수업 태도와 연결되고, 수업 태도는 생활 지도와 연결될 수밖에 없습니다. 온라인상에서는 특히 그렇습니다. 결국 온라인 수업이 제대로 이루어지기 위해서는 온라인상에서의 학생 생활 지도에 대한 관심과 연구가 뒷받침되어야 합니다.

포노 사피엔스들에게 필요한 것

'문명을 읽는 공학자'로 알려진 성균관대학교 최재붕 교수는 스마트폰이 낳은 새 인류에게 '포노 사피엔스'라는 이름을 붙였습니다. 현재 초등학교에 다니는 학생들은 '포노 사피엔스'라고 할 수 있습니다. 방과 후에도 집에 가지 않고 복도에 우르르 앉아서 스마트폰만 바라보고 있으니까요. 이런 학생들에게 필요한 것은 온라인상에서 사람들과 관계를 맺고, 이를 유지해 가는 기술입니다. 교실에서 친구들과 맺어 가던 관계를 이제는 온라인상에서 만들어 가야 합니다. 학교뿐만이 아닙니다. 지금 아이들이 성인이 될 무렵에는 세상의 모든 것을 비대면으로 처리하는 세상이 될지도 모릅니다.

온라인 세상에서 사람들과 관계를 맺고 소통하는 방법은 정말 중요한 기술이지만 학교에서는 가르쳐 주지 않습니다. 그저 알아서 배워야 하는 것이죠. 뭐가 옳고 그른지의 판단조차 스스로 주먹구구식으로 해 나갈 수밖에 없습니다. 유튜브 영상에 달린 악플을 보다가 '인터넷 세상에서 타인을 비방하며 악플을 일삼는 사람들이 늘어나게 된 것은 학교에서 온라인상에서의 사회적 기술을 배우지 않았기 때문이 아닐까?'라는 생각이 들었습니다.

온라인상에서의 관계 맺기와 오프라인상에서의 관계 맺기는 다르면서도 비슷합니다. 코로나로 인해 블렌디드 수업이 보편화됨으로써 교사와 학생들이 정말로 필요한 기술을 배울 수 있는 기회를 갖게 됐다고 긍정적으로 생각하면 좋겠습니다.

온라인 수업 생활 지도는 삶에 대한 안내다

온라인 수업에서의 생활 지도를 이야기하기 전에 생활 지도의 의미를 다시 한 번 떠올려 봤으면 합니다. 『교사가 교사에게』를 쓴 이성우 선생님의 글에 따르면 교육학에서 말하는 생활 지도의 원어는 'life guidance'라고 합니다.[15] 언뜻 보면 생활 지도로 이해할 수 있겠지만 guidance라는 단어는 지도뿐만 아니라 안내, 길잡이라는 의미로도 이해할 수 있습니다. '지도'는 뭔가 윗사람이 아랫사람에게 가르쳐 준다는

---

15 이성우. (2014). 생활지도, 왜곡된 개념을 바로잡아야. 뉴스풀. http://www.newspoole.kr/news/articleView.html?idxno=622 (2021년 2월 8일 접속)

느낌인 반면, '안내'나 '길잡이'는 동반자로서 함께 간다는 뉘앙스가 느껴집니다. 그런 점에서 지도라는 단어보다는 안내, 길잡이라는 단어가 학생 중심, 아동 중심적인 느낌이어서 훨씬 와 닿습니다.

온라인이라는 공간이 가지고 있는 특성 중의 하나는 평등성입니다. 누구나 동등하게 하나의 닉네임을 가지고 자신의 이야기를 할 수 있습니다. 80대도, 50대도, 10대도 온라인상에서는 모두 친구가 될 수 있으니까요. 그렇기에 온라인상에서는 학생들에게 무엇을 가르쳐 주기보다는 함께 배워 갈 수 있도록 도와주고 안내해 준다고 생각하는 게 좋습니다. 선생님들이 그동안 해 오던 '교실에서 조용히 앉아 있기', '복도에서 뛰지 않기', '쉬는 시간에 시끄럽게 하지 않기'에서 벗어나 학생들이 어떻게 하면 더 잘 살 수 있을지 삶life에 대한 안내guidance를 해 줄 수 있는 방법을 고민해야 합니다.

좋아요 버튼으로 관심 주기

유튜브에는 '좋아요'와 '싫어요', 댓글 달기 기능이 있습니다. 페이스북에는 '좋아요'와 댓글 달기가 있고요. 인스타그램에도 '좋아요'와 댓글 달기가 있습니다. 온라인 수업의 핵심 플랫폼으로 자리 잡게 된 패들렛에도 동일한 기능이 있습니다. 이 글을 읽고 있는 선생님들은 SNS에 사진이나 글을 올린 다음 '좋아요' 개수를 보나요? 아니면 '좋아요' 개수에는 연연하지 않고 그냥 올리는 것에 의미를 두는 편인가요? 학생들은 '좋아요' 개수에 관심이 있는 학생이 많을까요? 없는 학생이 많을까요?

인간의 본성을 연구하는 심리학자들의 말에 따르면 사람들은 누구나 관심을 받고 싶어 하는 마음을 가지고 있다고 합니다. SNS와 온라인상에서는 관심을 받았다는 척도가 '좋아요'와 댓글입니다. '좋아요' 개수에 연연하지 않는 사람은 있어도 '좋아요'를 많이 받는 것을 싫어하는 사람은 없을 겁니다. 그런 점에서 온라인 수업에서의 기본 에티켓은 상대방의 이야기나 콘텐츠에 관심을 주는 것입니다. 간단하게 말하자면 '좋아요'를 눌러 주는 것이죠.

한 번 상상해 볼까요? ○○는 네이버 밴드에 선생님이 올리라고 말했던 과제를 올렸습니다. 다음 날 자고 일어났더니 ○○가 올린 글에 엄지손가락을 치켜든 스마일이 20개 생겼습니다. 과제 내용이 너무 좋고 재미있었다는 댓글은 10개가 달렸고요. ○○의 기분은 어떨까요? ○○는 다음 과제에는 어느 정도의 노력을 쏟을까요?

'좋아요'와 댓글은 온라인상에서 상대방에게 관심을 표현할 수 있는 가장 간편한 방법입니다. '좋아요'에 너무 연연하지만 않는다면 학생들의 학습 동기를 유발해 줄 수 있는 충분한 동력이 되어 줄 수 있습니다. 학생들에게 "좋아요 누르는 데 돈 드는 것 아니니까 친구들 글에 좋아요 눌러 주면 어떨까?"라고 말해 주세요.

모든 수업의 기본은 경청에서 시작한다

온라인 수업이든 오프라인 수업이든 사람들 사이의 대화에서 기본은 경청입니다. 그런데 실시간 쌍방향 수업을 하면 경청이 잘되지 않습니다. 학생들이 화면을 보고 있지만 제대로 듣는지 아닌지를 확인하는 것은 쉽지 않습니다. 물론 화면을 보고 있지 않는 학생들도 꽤나 되고요. 심지어 화면을 꺼 버리는 학생들도 있습니다. 선생님의 입장에서는 참 난감합니다. 그래서 실시간 쌍방향 수업을 하기 전에 학생들에게 경청에 대해 이야기하는 것이 필요합니다.

"온라인 수업의 기본은 경청이에요. 선생님과 친구들의 이야기를 잘 들어 주지 않는다면 그 누구도 말하고 싶지 않겠죠? 그렇다면 경청은 어떻게 하는 걸까요?"

"경청은 정말 쉬운데 3가지만 생각하면 돼요. 하나, 눈으로 화면이 아닌 이야기하는 사람 바라보기, 둘, 손은 책상 아래로 내리고 다른 물건 만지지 않기, 셋, 몸과 허리를 바로 세우기. 어때요. 어렵지 않죠?"

눈으로는 화면이 아니라 이야기하는 사람을 바라봐야 합니다. 온라인 환경이지만 화면 속의 사람과 눈을 맞추는 아이 콘택트를 한다고 생각하면 됩니다. 초등학교 학생들에게 효과적인 경청 지도 방법은 구체적으로 이야기해 주는 것입니다. "잘 들으세요!"보다 "선생님을 보세요."가, "경청하세요."보다 "말하는 사람의 눈을 바라보세요."가 학생들의 행동을 변화시키는 데 효과적입니다.

손을 책상 아래로 내리거나 몸과 허리를 세우는 것도 마찬가지입니다. 집중하지 못하는 학생들은 대부분 손으로 어떤 물건들을 반복해서 만집니다. 만지다 보면 자연히 그쪽으로 정신이 쏠릴 수밖에 없지요. 하물며 학교가 아니라 집에서는 어떨까요? 학생들의 관심을 끌 만한 소품이 훨씬 많은 집에서는 몰입하기가 더 어렵습니다. 그래서 손은 컴퓨터 책상 아래로 내리고 다른 물건들을 만지지 않도록 해야 합니다.

몸과 허리를 바로 세우는 것도 집중하기 위한 기본기입니다. 의자에 비스듬하게 앉는 순간 더 편해지고 싶고, 그러다 보면 머지않아 눕고 싶을 수도 있습니다. 허리를 꼿꼿하게 펴고 책상과 주먹 하나 정도 떨어지게 앉는다면 훌륭합니다.

물론 경청이 이렇게 외적인 행동만으로 이루어지는 것은 아닙니다. 하지만 초등학교 학생들에게는 이런 기본기부터 차근차근 알려 주는 것이 필요합니다.

어떻게 학습 격차를
해소할 수 있을까?

　　교육부와 한국교육학술정보원에서 2020년 7월 29일부터 8월 1일까지 교사, 학생, 학부모들을 대상으로 조사한 'COVID-19 대응 1학기 원격교육 경험 및 인식조사'[16]에서 교사들에게 다음과 같은 질문을 했습니다. "온라인 수업이 학생 간 학습 수준의 차이에 변화를 가져왔다고 생각하십니까?" 이 질문에 대해 교사들은 다음과 같은 비율로 응답했습니다.

---

16 계보경 외. (2020). COVID-19에 따른 초·중등학교 원격교육 경험 및 인식 분석. 한국교육학술정보원.

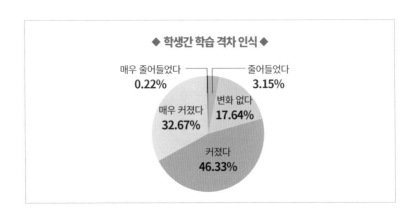

◆ 학생간 학습 격차 인식 ◆

매우 줄어들었다 0.22%
줄어들었다 3.15%
변화 없다 17.64%
매우 커졌다 32.67%
커졌다 46.33%

표를 통해 알 수 있는 것처럼 초·중·고 교사의 약 79%가 원격 교육으로 인해 학생 간 학습 격차가 커졌다고 생각했습니다. 79%라면 10명 중 8명입니다. 온라인 수업을 진행하며 학생들을 찬찬히 살펴보니 평소에 잘하던 학생들은 더 잘할 수 있는 기회를 갖게 된 것 같고, 그렇지 않은 학생들은 학교에서 기본적으로 하던 것마저도 하지 않는 것처럼 보였습니다. 특히 부모님의 관심이 부족한 아이들을 볼 때면 '아, ○○는 아무래도 학교에 나오는 게 나을 것 같은데…'라는 생각이 절로 들었습니다.

초등학교 학생들은 자기 주도적으로 학습하는 것을 배워 가는 과정 속에 있습니다. 그렇기 때문에 자기 주도적으로 할 수 있는 학생들과 그렇지 못한 학생들의 편차가 클 수밖에 없습니다. 자기 주도적으로 학습할 수 있느냐 없느냐에 따라 학습 격차가 벌어질 수밖에 없는 게 온라인 수업이 가지고 있는 맹점입니다. 그래서 블렌디드 수업이 필요한 것입니다.

학습 격차를 줄여 줄 3가지 방안

학생들 사이에서 학습 격차를 완전히 없애는 것은 불가능한 일입니다. 격차를 완전히 없앤다는 건 모두 비슷하게 잘하거나 모두 비슷하게 못하게 만든다는 것인데 현실적으로 가능하지 않겠죠? 그래서 일반적으로 이야기되는 학습 격차의 해소란 학습부진 학생이나 수업을 따라오는 데 어려움을 느끼는 학생들을 어떻게 뒤처지지 않게 끌어올릴 수 있느냐의 문제라고 말할 수 있습니다. 공교육에서 해결하고자 하는 핵심 문제 중 하나입니다. 학습 격차를 줄일 수 있는 3가지 방안을 제안합니다.

등교 수업이 필요한 학생들은 등교한다

블렌디드 수업은 온라인과 오프라인 수업을 적절하게 사용하여 학습 효과를 극대화시키는 방식입니다. 온라인만으로 운영했을 때 나타나는 문제점을 오프라인 방식으로 채워 주고, 오프라인만으로 운영했을 때 부족한 점을 온라인이 메꿔 주어야 합니다. 'COVID-19 대응 1학기 원격교육 경험 및 인식조사'[17]에서 교사들은 학습 격차가 심화된 가장 큰 이유로 '학생들의 자기 주도적 학습 능력의 차이'를 꼽았습니다. 학생들이 자기 주도적으로 학습하지 못한다면 어떻게 도움을 줄 수 있을까요? 타인 주도, 교사 주도로 학습하게 해 주면 됩니다. 그렇다면 등

---

[17] 계보경 외. (2020). COVID-19에 따른 초·중등학교 원격교육 경험 및 인식 분석. 한국교육학술정보원.

교를 해야 합니다.

등교하고 싶어도 등교할 수 없는 현실이지만 등교 수업이 필요한 학생들은 등교해야 합니다. 온라인 수업만으로도 충분한 학생들은 등교하지 않고 집에서 공부하면 되고요. '모두가 등교해서 수업 받아야 한다.', '모두가 온라인 수업을 들어야 한다.' 이렇게 2가지의 해법으로만 생각할 필요는 없습니다. 학생들에게 학습 장소, 학습 방식, 학습 속도를 선택할 수 있는 선택권을 열어 주어야 합니다. 학교, 교사는 그것을 구현해 낼 수 있는 방법을 모색하면 되고요.

자기관리 역량을 기르는 데 시간과 에너지를 사용해야 한다

교육부에서 발표한 2015 개정 교육 과정에서는 창의·융합형 인재가 되기 위해 학생들에게 6가지 역량을 길러 주어야 한다고 말합니다. 자기관리 역량, 지식정보처리 역량, 창의적 사고 역량, 심미적 감성 역량, 의사소통 역량, 공동체 역량입니다. 6가지 역량 중 자기관리 역량을 교육부에서는 다음과 같이 정의[18] 내리고 있습니다.

> 자아정체성과 자신감을 가지고 자신의 삶과 진로에 필요한 기초 능력과 자질을 갖추어 자기 주도적으로 살아갈 수 있는 능력

누구에게나 꼭 필요한 능력이지만 그동안 학교 현장에서는 섬세하

---

[18] 교육부 교육과정정책과. (2016). 『2015 개정 교육 과정』 질의·응답 자료.

게 다루어지지 못한 부분입니다. 현장 교사들의 입장에서는 '그래서 뭘 어떻게 가르쳐야 자기관리 역량이 길러지는 거지?'라는 생각이 들기도 했습니다. 그런데 2020년 팬데믹 상황을 겪으면서 선생님들은 비슷한 생각을 했을 겁니다. '자기관리 역량을 중점으로 길러 줄 때가 찾아왔구나.'라고요.

그렇다면 학생들이 자기관리 역량을 기르는 데 어떤 도움을 줄 수 있을까요? 하루 1장 진로 계획서 쓰기, 자신감 노트 쓰기, 감사일기 쓰기 등 여러 가지가 있겠지만 그중에서 자주적인 생활 습관을 기르는 것이 가장 중요합니다.

실제로 온라인 수업에 참여하는 데 어려움을 겪은 대부분의 학생을 보면 생활 습관이 불규칙했습니다. 잠자리에 들거나 일어나는 시간이 매일 달랐고, 아침 먹는 시간도 들쭉날쭉했습니다. 사정이 이렇다 보니 매일 같은 시간에 실시간 쌍방향 회의실에 입장하는 것도 어려워했고요. 회의실에 들어와서 아침을 먹거나 첫 끼니로 과자를 먹는 학생도 의외로 많았습니다.

일단 생활 습관 관리가 되어야 학습이 됩니다. 사실 학교에 나오면 '아침 시간, 1교시, 2교시…점심시간…'이라는 일정한 틀 속에서 생활하게 됩니다. 학교가 생활 관리를 해 주는 셈이죠. 그런데 집에만 있게 되면 이 관리를 혼자서 해야 합니다. 정해 준 것에 맞춰서 하는 것도 어려워하는 아이들인데 스스로 잘할 것이라고 생각하는 건 욕심입니다. 그렇기 때문에 학습 격차를 해소하려면 생활 습관의 격차가 벌어지는 것을 막아야 합니다.

학급당 학생 수가 줄어야 한다

수년 전부터 교육의 질 향상에 대한 이야기가 나올 때마다 언급되는 내용입니다. 조금 식상할 수도 있지만 학습 격차를 해소할 수 있는 방안 중에서 가장 효과적인 방법일 수 있습니다.

일단 학급당 학생 수가 줄어들게 되면 사회적 거리두기 규칙을 준수하면서도 자유롭게 등교 수업을 할 수 있게 됩니다. 그뿐만 아니라 교사 1인이 코칭해야 하는 학생 수가 줄어들기 때문에 피드백할 수 있는 시간적 여유나 기회가 늘어나게 됩니다. 한마디로 온·오프라인을 막론하고 상호 작용할 수 있는 기회를 더 많이 갖게 되는 것입니다.

현재 우리나라의 학급당 학생 수는 초등 23.1명, 중등 26.7명입니다. OECD 평균 학생 수인 초등 21.1명, 중등 23.3명에 비하면 많은 편[19]이죠. OECD 기준으로는 중하위권에 머무르는 수준입니다. 앞으로 더 줄어들어야 합니다. 대부분의 교육 전문가가 말하는 것처럼 학급당 학생 수는 교육 여건을 판단하는 데 활용되는 중요한 지표니까요. 머지않아 우리나라도 OECD 최상위 국가들처럼 15~16명만 앉아서 수업하는 날이 오기를 기대합니다.

앞에서 이야기한 3가지 방법 외에도 블렌디드 수업에서 학습 격차를 줄일 수 있는 방법으로 학습 관리 시스템(LMS : Learning Management System)이 잘 갖춰진 플랫폼을 제공하는 것, 학생들의 흥미를 자극하는

---

19 교육부. (2020). 경제개발협력기구(OECD) 교육지표.

주제별·수준별 콘텐츠가 다양하게 보급되는 것, 아이들의 테크놀로지 활용 능력을 길러주는 것, 학부모님들을 대상으로 테크놀로지 활용 연수를 진행하는 것, 온라인 수업 보조 교사를 투입하는 것 등과 같은 아이디어[20]들이 거론되고 있습니다. 이중에서 지금 사용하고 있거나 사용하고 싶은 학습 격차 해소 방법은 이떤 것인가요? 5분만 시간을 내어써 보세요.

◆ **내가 사용하는, 사용하고 싶은 학습 격차 해소 방법은…** ◆

---

[20] 계보경 외. (2020). COVID-19에 따른 초·중등학교 원격교육 경험 및 인식 분석. 한국교육학술정보원.

저작권은 어떻게
지켜야 할까?

'4차 산업혁명 시대'라는 단어가 있습니다. 이 단어가 처음 나왔을 때만 해도 금방이라도 세상이 뒤바뀔 것 같은 기분이 들었습니다. 알파고가 우리들의 직업을 모두 빼앗아 버릴 것 같은 불안감도 느꼈고요. 하지만 본격적인 4차 산업혁명 시대가 도래한다고 해서 무언가가 갑자기 크게 변하게 되진 않을 겁니다. 4차 산업혁명 또한 기존에 있던 것들이 바탕이 되어 만들어지는 것이니까요.

학자들은 4차 산업혁명의 핵심 키워드로 '초연결', '초지능', '초융합'과 같은 단어를 꼽는데, 필자 개인적으로 "4차 산업혁명 시대는 콘텐츠의 시대다."라는 정의를 내려 봤습니다.

4차 산업혁명 시대는 콘텐츠 간의 싸움이 수시로 일어나는 전쟁터입니다. 누가 어떤 콘텐츠를 창조했느냐에 따라서 자본과 권력이 한쪽으로 치우치게 될 수밖에 없을 테니까요. 시간이 흐를수록 콘텐츠의 힘은 강력해질 것입니다. 이렇게 콘텐츠 산업이 발달하는 과정에서는 저작권과 관련된 문제들이 나올 수밖에 없습니다. 콘텐츠에 목숨을 거는 시대이니만큼 저작권 부분에서도 예전보다 더 날카로워지게 될 것이고요.

온라인 수업을 위해 만드는 자료들이 모두 콘텐츠에 해당합니다. 온라인 수업 자료를 통해 학생들과 수업하게 된다면 좋든 싫든 콘텐츠 크리에이터로서의 삶을 살게 되는 것입니다. 그러므로 저작권법에 대해 알아야 합니다. 자기도 모르는 사이에 다른 사람의 권리를 침해하고 있을 수 있으니까요. 그뿐만 아니라 자신의 권리를 주장하기 위해서라도 저작권법을 알아 둘 필요가 있습니다.

지금부터 설명할 저작권과 관련한 내용은 한국교육학술정보원에서 만든 저작권 관련 자료와 서울시 교육청에서 발표한 2020 원격 교육을 위한 저작권 가이드 FAQ, 국가법령정보센터의 저작권법을 참고했습니다.

저작권과 저작물

저작권이란?

저작권은 인간의 사상이나 감정을 표현한 문학, 예술, 학술에 속하는 저작물에 대해 저작권자나 그 승계인이 가지고 있는 배타적·독점적

권리를 말합니다. 저작권은 그 창작물이 만들어지는 순간 생겨납니다. 그러므로 저작권 보호와 관련된 문구가 표시되어 있지 않더라도 저작물로서 보호를 받는다는 사실을 알아야 합니다. 특히 저작권은 저작권자가 죽은 뒤에도 여전히 살아 있습니다. 사후 70년까지 말이죠.

저작물이란?

세상에 있는 모든 작품을 저작물이라고 부르지는 않습니다. 보통은 문학, 예술, 학술 또는 창조적 활동에 포함시킬 수 있는 창작물을 저작물이라고 합니다. 여기서 중요한 단어는 '창작물'인데, 창작물이란 독창성을 가진 작품을 말합니다. 오리지널리티가 있어야 한다는 것이죠. 저작권법 제2장 1절 4조에서는 저작물의 예시를 다음과 같이 밝히고 있습니다.

제4조(저작물의 예시 등) 이 법에서 말하는 저작물을 예시하면 다음과 같다.
1. 소설·시·논문·강연·연설·각본 그 밖의 어문저작물
2. 음악저작물
3. 연극 및 무용·무언극 그 밖의 연극저작물
4. 회화·서예·조각·판화·공예·응용미술저작물 그 밖의 미술저작물
5. 건축물·건축을 위한 모형 및 설계도서 그 밖의 건축저작물
6. 사진저작물(이와 유사한 방법으로 제작된 것을 포함한다)
7. 영상저작물
8. 지도·도표·설계도·약도·모형 그 밖의 도형저작물
9. 컴퓨터프로그램저작물

이런 저작물들 중에서 온라인 수업에서는 주로 어문저작물이나 음악저작물, 영상저작물 등을 이용하게 됩니다.

떳떳하게 저작물을 이용하는 방법

제46조(저작물의 이용허락)

① 저작재산권자는 다른 사람에게 그 저작물의 이용을 허락할 수 있다.

② 제1항의 규정에 따라 허락을 받은 자는 허락받은 이용 방법 및 조건의 범위 안에서 그 저작물을 이용할 수 있다.

③ 제1항의 규정에 따른 허락에 의하여 저작물을 이용할 수 있는 권리는 저작재산권자의 동의 없이 제3자에게 이를 양도할 수 없다.

우리나라 저작권법에서는 저작권자의 권리를 보호하기 위해 저작물의 이용허락이라는 조항을 두고 있습니다. 그렇기 때문에 저작권자의 허락만 있다면 저작물을 떳떳하게 사용할 수 있습니다. 하지만 자유롭게 하진 못합니다. 왜냐하면 '허락받은 이용 방법 및 조건의 범위' 안에서만 사용할 수 있기 때문이죠.

그런데 여기서 궁금한 점이 생깁니다. 내가 사용하려는 모든 저작물에 대한 허락을 어떻게 구할 수 있을까요? 예를 들어 30분짜리 동영상 수업 자료를 만들려는데 그곳에 활용되는 저작물이 10개라면 10명의 저작권자에게 동의를 받는 데 시간이 얼마나 걸릴지 알 수 없습니다. 이용허락을 받으면 된다는 건 이해할 수 있지만 현실적으로 온라인 수업 자료를 만들면서 모든 저작물에 대한 이용허락을 받는다는 건 거의 불가능합니다. 그래서 만들어진 조항이 있습니다. 바로 저작권법 제23조부터 제35조 5까지의 저작재산권의 제한에 관한 내용입니다.

허락이 없어도 저작물을 이용할 수 있는 경우

저작권자의 허락이 없어도 저작물을 이용할 수 있는 규정이 있습니다. 앞서 이야기한 저작권법 제23조부터 제35조 5까지의 내용입니다. 온라인 수업 자료를 제작하는 교사들과 관련한 내용은 바로 저작권법 제25조의 학교교육 목적 등에의 이용에 대한 조항입니다.

제25조(학교교육 목적 등에의 이용)
① 고등학교 및 이에 준하는 학교 이하의 학교의 교육 목적상 필요한 교과용도서에는 공표된 저작물을 게재할 수 있다.
② 교과용도서를 발행한 자는 교과용도서를 본래의 목적으로 이용하기 위하여 필요한 한도 내에서 제1항에 따라 교과용도서에 게재한 저작물을 복제·배포·공중송신할 수 있다. 〈신설 2020. 2. 4.〉
③ 다음 각 호의 어느 하나에 해당하는 학교 또는 교육기관이 수업 목적으로 이용하는 경우에는 공표된 저작물의 일부분을 복제·배포·공연·전시 또는 공중송신(이하 이 조에서 "복제등"이라 한다)할 수 있다. 다만, 공표된

저작물의 성질이나 그 이용의 목적 및 형태 등에 비추어 해당 저작물의 전부를 복제등을 하는 것이 부득이한 경우에는 전부 복제등을 할 수 있다. 〈개정 2020. 2. 4.〉

    1. 특별법에 따라 설립된 학교

    2. 「유아교육법」, 「초·중등교육법」 또는 「고등교육법」에 따른 학교

    3. 국가나 지방자치단체가 운영하는 교육기관

④ 국가나 지방자치단체에 소속되어 제3항 각 호의 학교 또는 교육기관의 수업을 지원하는 기관(이하 "수업지원기관"이라 한다)은 수업 지원을 위하여 필요한 경우에는 공표된 저작물의 일부분을 복제등을 할 수 있다. 다만, 공표된 저작물의 성질이나 그 이용의 목적 및 형태 등에 비추어 해당 저작물의 전부를 복제등을 하는 것이 부득이한 경우에는 전부 복제등을 할 수 있다. 〈신설 2020. 2. 4.〉

⑤ 제3항 각 호의 학교 또는 교육기관에서 교육을 받는 자는 수업 목적상 필요하다고 인정되는 경우에는 제3항의 범위 내에서 공표된 저작물을 복제하거나 공중송신할 수 있다. 〈개정 2020. 2. 4.〉

⑥ 제1항부터 제4항까지의 규정에 따라 공표된 저작물을 이용하려는 자는 문화체육관광부장관이 정하여 고시하는 기준에 따른 보상금을 해당 저작재산권자에게 지급하여야 한다. 다만, 고등학교 및 이에 준하는 학교 이하의 학교에서 복제등을 하는 경우에는 보상금을 지급하지 아니한다. 〈개정 2008. 2. 29., 2009. 4. 22., 2020. 2. 4.〉

⑦ 제6항에 따른 보상을 받을 권리는 다음 각 호의 요건을 갖춘 단체로서 문화체육관광부장관이 지정하는 단체를 통하여 행사되어야 한다. 문화체육관광부장관이 그 단체를 지정할 때에는 미리 그 단체의 동의를 받아야 한다. 〈개정 2008. 2. 29., 2020. 2. 4.〉

    1. 대한민국 내에서 보상을 받을 권리를 가진 자(이하 "보상권리자"라 한다)로 구성된 단체

    2. 영리를 목적으로 하지 아니할 것

3. 보상금의 징수 및 분배 등의 업무를 수행하기에 충분한 능력이 있을 것

⑧ 제7항에 따른 단체는 그 구성원이 아니라도 보상권리자로부터 신청이 있을 때에는 그 자를 위하여 그 권리행사를 거부할 수 없다. 이 경우 그 단체는 자기의 명의로 그 권리에 관한 재판상 또는 재판 외의 행위를 할 권한을 가진다. 〈개정 2020. 2. 4.〉

⑨ 문화체육관광부장관은 제7항에 따른 단체가 다음 각 호의 어느 하나에 해당하는 경우에는 그 지정을 취소할 수 있다.

〈개정 2008. 2. 29., 2020. 2. 4.〉

1. 제7항에 따른 요건을 갖추지 못한 때

2. 보상관계 업무규정을 위배한 때

3. 보상관계 업무를 상당한 기간 휴지하여 보상권리자의 이익을 해할 우려가 있을 때

⑩ 제7항에 따른 단체는 보상금 분배 공고를 한 날부터 5년이 지난 미분배 보상금에 대하여 문화체육관광부장관의 승인을 받아 다음 각 호의 어느 하나에 해당하는 목적을 위하여 사용할 수 있다. 다만, 보상권리자에 대한 정보가 확인되는 경우 보상금을 지급하기 위하여 일정 비율의 미분배 보상금을 대통령령으로 정하는 바에 따라 적립하여야 한다. 〈개정 2008. 2. 29., 2018. 10. 16., 2020. 2. 4.〉

1. 저작권 교육·홍보 및 연구

2. 저작권 정보의 관리 및 제공

3. 저작물 창작 활동의 지원

4. 저작권 보호 사업

5. 창작자 권익옹호 사업

6. 보상권리자에 대한 보상금 분배 활성화 사업

7. 저작물 이용 활성화 및 공정한 이용을 도모하기 위한 사업

⑪ 제7항·제9항 및 제10항에 따른 단체의 지정과 취소 및 업무규정, 보상

금 분배 공고, 미분배 보상금의 사용 승인 등에 필요한 사항은 대통령령으로 정한다. 〈개정 2018. 10. 16., 2020. 2. 4.〉

⑫ 제2항부터 제4항까지의 규정에 따라 교과용도서를 발행한 자, 학교·교육기관 및 수업지원기관이 저작물을 공중송신하는 경우에는 저작권 그밖에 이 법에 의하여 보호되는 권리의 침해를 방지하기 위하여 복제방지조치 등 대통령령으로 정하는 필요한 조치를 하여야 한다.

〈개정 2020. 2. 4.〉

[시행일 : 2020. 8. 5.] 제25조

2020년 2월 4일에 저작권법이 개정되었습니다. 앞에서 소개한 제25조는 개정된 내용이 반영된 조항입니다. 온라인 수업 자료를 제작할 때 교사들에게 필요한 조항이 새롭게 만들어졌습니다. 다음과 같은 근거가 있기 때문에 온라인 수업 자료를 제작할 때는 저작권자의 허락이 없더라도 저작물을 이용할 수 있습니다.

③ 다음 각 호의 어느 하나에 해당하는 학교 또는 교육기관이 수업 목적으로 이용하는 경우에는 공표된 저작물의 일부분을 복제·배포·공연·전시 또는 공중송신(이하 이 조에서 "복제등"이라 한다)할 수 있다. 다만, 공표된 저작물의 성질이나 그 이용의 목적 및 형태 등에 비추어 해당 저작물의 전부를 복제등을 하는 것이 부득이한 경우에는 전부 복제등을 할 수 있다.

다만, 기억해야 할 게 있습니다. 온라인 수업 자료는 인터넷을 통해 공개되는 것이기 때문에 교실에서 사용하는 것보다 보안에 조금 더 신경을 써야 합니다. 기본적으로 신경 써야 하는 것은 다음 4가지입니다. 타인의 저작물을 이용해 온라인 수업 자료를 만든다면 이 4가지를 꼭 기억해 주세요.

- 접근 제한 조치
- 복제 방지 조치
- 저작권 보호 관련 경고 문구 삽입
- 출처 표시

블렌디드 수업과 관련된 저작권 Q&A

Q1 온라인 수업을 위해 교과서 내용을 설명하는 유튜브 영상을 제작하여 제 유튜브 채널에 올렸습니다. 출처도 표시했고요. 저작권 문제는 걱정할 필요 없겠죠?

A1 저작권 침해가 될 수 있습니다.

많은 선생님이 교과서의 저작권은 국가가 가지고 있는 것이라고 생각합니다. 하지만 교과서의 저작권은 일반적으로 교과서의 집필진이나 출판사가 가지고 있습니다. 타인이 만든 저작물을 이용하기 위해서는 저작권자의 동의를 받아야 하는 것이 원칙입니다. 하지만 앞에서 설명한 저작권법 제25조의 조항에 근거하여 저작권자의 허락 없이도 저작물을 이용할 수 있습니다.

> 학교 또는 교육기관이 수업 목적으로 이용하는 경우에는 공표된 저작물의 일부분을 복제·배포·공연·전시 또는 공중송신(이하 이 조에서 "복제등"이라 한다)할 수 있다.

그런데 이 조항을 꼼꼼히 살펴보면 저작권 문제가 생길 수 있는 이유가 있습니다.

학교 또는 교육기관이 수업 목적으로 이용하는 경우
수업 목적으로 이용한다는 것은 이용하는 범위가 제한된다는 의미입니다. 다시 말해 교사와 학생들의 범위로 한정지어 사용하는 것이 수업의 목적인 것이죠. 그런데 이 자료를 자신의 개인 유튜브에 업로드하는 것은 제한된 범위가 아닌 불특정 다수에게 노출시킬 수도 있음을 의미합니다. 그렇다면 규정에서 이야기하는 수업 목적의 범위를 벗어나는 것이 됩니다. 수업에 참여하는 사람들에게만 한정하여 공중송신한다면 문제가 되지 않습니다.

공표된 저작물의 일부분을

너무 많은 부분을 그대로 이용하게 되면 문제가 생길 수 있습니다. 그래서 조항에서도 '일부분을'이라는 단어가 있는 것이죠. 물론 뒷부분에서 '다만, 공표된 저작물의 성질이나 그 이용의 목적 및 형태 등에 비추어 해당 저작물의 전부를 복제등을 하는 것이 부득이한 경우에는 전부 복제등을 할 수 있다.'는 단서를 달긴 했지만 말이죠. 가장 안전한 방법은 이용하는 분량을 최소화하는 것입니다. 수업을 목적으로 하는 것이지만 저작물의 복제 범위가 넓어질수록 저작권자의 입장에서는 유쾌하지 않을 수 있습니다. 물론 코로나19의 확산과 함께 여러 출판사와 저작권자가 자신의 저작물을 전부 복제하는 것을 허용해 주는 분위기도 생겨나고 있지만 조심해서 나쁠 것은 없으니까요.

Q2 출처와 저작권자의 이름까지 표시하면 저작권 문제에서 벗어나는 것 아닌가요?

A2 저작권 침해가 될 수 있습니다.

저작물에 대해 많은 선생님이 가지고 있는 오해 중 하나는 출처 표시나 저작권자의 이름을 표기하면 공표된 저작물을 올바르게 인용했다고 생각하는 것입니다. 그런데 출처와 저작권자의 이름을 표시했다고 해서 저작권 문제에서 자유로워지는 것은 아닙니다. 출처 표시를 하더라도 '정당한 범위 안에서 공정한 관행에 합치되어야' 합니다. 그렇지 않을 경우에는 저작권 침해가 될 수 있습니다.

> 제28조(공표된 저작물의 인용) 공표된 저작물은 보도·비평·교육·연구 등을 위하여는 정당한 범위 안에서 공정한 관행에 합치되게 이를 인용할 수 있다.

그렇다면 '정당한 범위 안에서 공정한 관행에 합치되게' 사용한다는 건 어떤 의미일까요?

> 정당한 범위 안에서 공정한 관행에 합치되게 인용한 것인가의 여부는 인용의 목적, 저작물의 성질, 인용된 내용과 분량, 피인용저작물을 수록한 방법과 형태, 독자의 일반적 관념, 원저작물에 대한 수요를 대체하는지의 여부 등을 종합적으로 고려하여 판단하여야 할 것이다.
> - 대법원 1997. 11. 25. 선고 97도2227 판결

이 내용을 바탕으로 생각해 보면 어떻게 인용하는 게 좋을까요? 보도·비평·교육·연구 등을 위한 목적을 가지고, 양적으로는 그리 많지 않은 분량을 인용해야 합니다. 또한 내 저작물과 인용한 저작물이 명확하게 구분되도록 표현하는 것이 좋으며, 내 저작물을 봄으로써 인용한 저작물을 볼 필요가 없겠다고 생각되지 않도록 사용해야 합니다.

정리해서 말하자면 정당한 범위 안에서 인용한다는 것은 나의 저작물이 중심이 되고, 인용한 저작물이 보충·부연·예시·참고자료의 역할을 해야 합니다. 공정한 관행에 합치되게 인용한다는 것은 나의 저작물과 타인의 저작물이 구별되도록 표현해야 한다는 것이고요. 이렇게 사용하게 될 때는 꼭 출처를 명시해야 합니다. 저작권법 제138조 제2호에서는 공표된 저작물을 인용하였음에도 출처를 명시하지 않은 경우에는 500만 원 이하의 벌금에 처하는 벌칙을 규정하고 있습니다.

Q3 아이들이 카카오 프렌즈를 너무 좋아해서 라이언이나 어피치 같은 캐릭터를 넣어 온라인 수업 자료를 만들고 있는데 이런 것도 저작권 문제가 될까요?

A3 저작권 침해가 될 수 있습니다.

카카오 프렌즈는 포털 사이트인 '다음'과 카카오톡 등을 포함한 다양한 온라인 서비스를 제공하는 기업 '카카오'의 마스코트입니다. 카카오 프렌즈에 해당되는 라이언, 어피치, 무지, 프로도 등 캐릭터의 저작권은 당연히 카카오라는 기업이 가지고 있습니다. 그렇기 때문에 카카오 기업에서 허락하지 않는 한 해당 캐릭터의 이미지를 사용하여 온라인 수업 자료를 만드는 것은 저작권 문제가 생길 수 있습니다.

또한 인터넷상에서 다운로드한 카카오 프렌즈의 이미지가 아니라 카카오 프렌즈를 보고 직접 따라 그린 그림으로 온라인 수업 자료를 만드는 경우에도 마찬가지로 문제가 될 수 있습니다. 이 경우에는 2차적 저작물 작성권을 침해한 것으로 볼 수 있습니다.

2차적저작물작성권Adaptation Right

원저작물을 번역·편곡·변형·각색·영상제작 그 밖의 방법으로 작성한 창작물을 2차적저작물이라고 하는데, 원저작물의 저작자는 자신의 저작물을 원저작물로 하는 2차적저작물을 작성할 권리와 작성된 2차적저작물을 이용할 권리를 가진다. 원저작자의 이러한 권리를 2차적저작물작성권이라 한다. 즉 자신의 저작물을 원저작물로 하는 2차적저작물을 작성할 권리는 원저작자의 배타적 권리이므로 원저작자의 허락 없이 2차적저작물을 작성하였다면 원저작자의 2차적저작물작성권을 침해한 것이다.

- 출처 : 한국저작권위원회 용어사전

카카오 프렌즈의 캐릭터를 보고 따라 그린 그림은 2차적 저작물에 해당합니다. 원저작물을 변형·각색한 것이니까요. 인디스쿨과 같은 수업 자료 공유 사이트에 카카오 프렌즈를 이용하여 수업 내용을 설명하는 자료가 많습니다. 아이들이 정말 좋아하는 자료이긴 하지만 아쉽게도 저작권법상으로는 문제가 생길 수 있습니다. 그러므로 온라인 수업 자료를 제작할 때는 저작권자의 허락 없이 사용할 수 있는 무료 캐릭터나 이미지들을 사용하는 게 좋습니다.

Q4 실시간 쌍방향 수업에서 학생들이 참고하면 좋을 만한 영상의 유튜브 링크를 보내 주는 것도 저작권법에 위배되는 걸까요?

A4 괜찮습니다. 링크는 저작물로 볼 수 없습니다.

수업을 진행하면서 열 번 설명하는 것보다 링크 하나 주는 게 열 배 더 낫다고 생각하시는 분들도 있으시죠? 인터넷 속에 세상의 모든 정보가 담겨 있다는 말은 더 이상 과언이 아닙니다. "이런 건 어떻게 만드는 거지?", "이건 뭐지?"라는 호기심이 생겼을 때 유튜브와 구글에서 검색해 보면 거의 다 나옵니다. 웬만한 책들보다 훨씬 더 친절하고 전문적으로 설명해 줍니다. 책으로는 설명할 수 없는 정보들을 영상을 통해 쉽고 직관적으로 전달해 주기도 합니다. 시간이 지날수록 '책의 시대'는 저물고 '링크의 시대'가 올 것입니다.

링크는 하이퍼링크의 줄임말입니다. 인터넷상에서 우리가 원하는 곳으로 갈 수 있게 만들어 주는 일종의 주소 역할을 합니다. 링크를 타고 들어가면 저작권자의 저작물이 나오긴 하지만 위치를 알려 주는 역할을 하는 링크 자체를 저작물로 보긴 어렵다는 게 현재까지의 판례입니다.

인터넷에서 이용자들이 접속하고자 하는 웹페이지로의 이동을 쉽게 해주는 기술을 의미하는 인터넷 링크 가운데 이른바 심층링크deep link 또는 직접링크direct link는 웹사이트의 서버에 저장된 저작물의 인터넷 주소URL와 하이퍼텍스트 태그tag 정보를 복사하여 이용자가 이를 자신의 블로그 게시물 등에 붙여 두고 여기를 클릭함으로써 위 웹사이트 서버에 저장된 저작물을 직접 보거나 들을 수 있게 하는 것으로서, 인터넷에서 링크하고자 하는 저작물의 웹 위치 정보 내지 경로를 나타낸 것에 불과하다. 따라서 이는 구 저작권법 제2조 제14호에 규정된 "유형물에 고정하거나 유형물로 다시 제작하는 것"에 해당하지 아니하고, 또한 저작물의 전송의뢰를 하는 지시 또는 의뢰의 준비행위로 볼 수 있을지언정 같은 조 제9호의2에 규정된 "송신하거나 이용에 제공하는 것"에 해당하지도 아니한다. 그러므로 위 심층링크 내지 직접링크를 하는 행위는 구 저작권법이 규정하는 복제 및 전송에 해당하지 않는다.

- 대법원 2009. 11. 26. 선고 2008다77405 판결 요지

그러므로 링크를 공유하는 것은 저작권법 위반으로 보기 어렵습니다. 다만 영상의 원본 파일을 다운로드해서 공유하는 것은 문제가 될 수 있습니다. 저작물의 복제권, 전송권을 침해했다고 볼 수 있기 때문입니다.

저작권이 걱정되는 선생님들을 위한
수업 자료 제작 노하우

자료를 사용하기 전에 저작물 이용 조건을 확인하세요

미국의 저술가이자 교수인 하버드 로스쿨의 로렌스 레식 Lawrence Lessig 교수는 어떻게 하면 저작권자들의 권리를 보호해 주는 것과 더불어 새로운 창작자들의 창작의욕을 북돋아줄 수 있을지를 고민하다가 크리에이티브 커먼즈 라이센스 CCL:Creative Commons License를 만들었습니다. 크리에이티브 커먼즈 라이센스는 쉽게 말해, 해당 저작물을 어떤 목적으로 사용할 수 있는지를 미리 표시해 주는 기호입니다.

저작권자는 이 기호를 이용해 자신의 저작물을 이용할 수 있는 범위를 쉽게 표시할 수 있습니다. 또한 저작물을 이용하는 사람들은 저작권자가 요구하는 조건에 부합하는 범위 내에서 자유롭게 저작물을 이용할 수 있습니다. 전 세계 70여 개 국가에서 사용되고 있는 크리에이티브 커먼즈 라이센스는 공유 문화, 공유 경제의 확산에 많은 영향을 미쳤습니다.

요즘 만들어지는 저작물들을 보면 크리에이티브 커먼즈 라이센스 표시가 된 것이 많습니다. 저작물 이용 조건을 확인한 다음 온라인 수업 자료를 만든다면 보다 자유롭게 저작물을 이용할 수 있습니다. 직접 창작한 저작물에도 크리에이티브 커먼즈 라이센스를 표시해 주면 좋습니다.

수업 자료에 접근 제한 조치, 복제 방지 조치를 해 주세요

접근 제한 조치는 이 수업에 참어하는 학생들만 수업 자료에 접근할 수 있게 하는 것이고, 복제 방지 조치는 해당 수업 자료를 복제할 수 없게 하는 것입니다. 두 조치 모두 혹시나 발생할 수 있는 저작권자의 이익을 부당하게 해치는 권리 침해를 방지하기 위한 방안입니다. 그러므로 타인의 저작물을 이용해서 만든 수업 자료라면 로그인을 통해 접근할 수 있게 하거나 비공개 또는 열람 제한(교사, 학생) 처리를 해 주어야 합니다. 학생들도 마찬가지로 자신의 아이디와 패스워드, 수업 링크 등을 함께 수업받는 학생들이 아닌 다른 사람에게는 공유하지 않아야 합니다.

원칙적으로 타인의 저작물을 이용하기 위해서는 저작권자의 동의가 필요합니다. 다만, 학교 교육을 위해 사용하는 것이기 때문에 예외적으로 저작권자의 동의 없이 이용할 수 있도록 용인해 주는 것입니다. 쉽게 말하면 가르치고 배우는 교사와 학생들에게만 혜택을 준 것입니다. 이 자료가 불특정 다수에게 공개되어서는 안 됩니다. 가장 안전한 방법은 불특정 다수에게 공개되는 것을 피하는 것입니다. 온라인이긴 하지만 마치 교실 내에서 우리 반 아이들과 자료를 보는 상황이라고 생각하는 것입니다. 물론 선생님이 직접 제작해서 저작권 문제가 없는 자료라면 당연히 전체 공개로 업로드할 수 있습니다.

수업 자료에 저작권 보호 관련 경고 문구를 넣어 주세요

온라인 수업을 위한 저작물을 만들 때에는 언제나 저작권 보호 관련 경고 문구를 넣어 주는 것이 좋습니다. 해당 저작물을 보는 학생, 교사들에게도 저작권의 중요성을 알려 줄 수 있기 때문입니다. 다음과 같은 내용의 문구를 사용하면 됩니다.

> 이 자료는 ○○초등학교 ○학년 학생들에게 온라인 수업을 하기 위한 복석으로 만들어진 자료입니다. 학생들의 수업을 위한 목적으로만 이용해 주시고 외부에 공개, 게시하는 것은 금지합니다. 이를 위반하는 경우 저작권 침해로서 관련법에 따라 처벌받을 수 있습니다.

출처 표기는 습관처럼 해 주세요

저작권법 제37조에서는 출처의 명시에 대한 조항이 있습니다.

> 제37조(출처의 명시)
> ① 저작물을 이용하는 자는 그 출처를 명시하여야 한다.
> ② 출처의 명시는 저작물의 이용 상황에 따라 합리적이라고 인정되는 방법으로 하여야 하며, 저작자의 실명 또는 이명이 표시된 저작물인 경우에는 그 실명 또는 이명을 명시하여야 한다.

저작물을 공정하게 이용하는 것의 기본은 올바른 출처 표기입니다. '생각날 때마다 출처를 표기해야지.'가 아니라 '언제나 출처를 표기해야지.'라는 생각을 가지고 습관처럼 출처를 명시해 주세요. 출처 표기는 이렇게 해야 한다고 법적으로 정해진 방법은 없습니다. 많은 책에서 사용하고 있는 다음과 같은 방법으로 표기하면 됩니다.

저자, 출판연도, 책제목, 출판사, 쪽.

"저작권 문제가 있는 자료가 있다면 즉시 삭제하겠습니다."라는 문구를 넣어 주세요

돌다리를 여러 번 두들겨 보고 건넜더라도 중간에 무너질 수 있습니다. 저작권 침해를 하지 않기 위해 아무리 노력했더라도 만에 하나 실수가 있을 수도 있고요. 그러므로 만약 문제가 생길 경우에는 곧바로 삭제 조치하겠다는 내용을 포함시켜 놓는 게 좋습니다.

사실 저작권이란 굉장히 주관적으로 해석할 여지가 많기 때문에 저작권 문제가 발생하게 되면 상당히 오랫동안 법적 공방을 하게 되는 경우가 많습니다. 사실 검사나 판사들도 객관적으로 판단하기 어려운 요소가 많아서 재판마다 결과가 다른 경우도 자주 볼 수 있습니다.

이 책을 통해 저작권법에 대한 모든 것을 설명할 수는 없습니다. 뿐만 아니라 저작권법은 수시로 개정되며 변화하고 있습니다. 선생님들이 저작권에 대해 조금 더 자세한 정보나 판단이 필요할 경우에는 저작권과 관련된 책을 참고하거나(저는 이지스퍼블리싱 출판사에서 출간된 오승종 변호사님의 『된다! 유튜브, SNS, 콘텐츠 저작권 문제해결』이라는 책의 도움을 많이 받았습니다.) 한국저작권위원회 홈페이지www.copyright.or.kr를 통해 저작권 상담을 해 볼 것을 추천합니다.

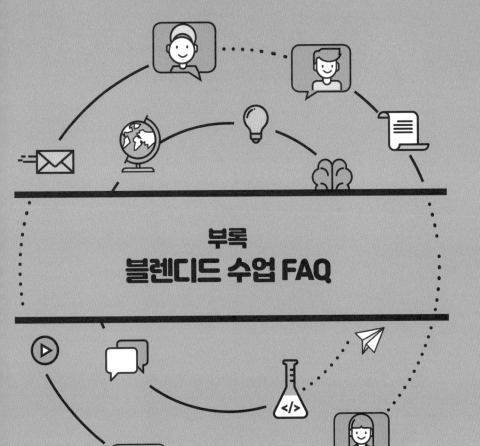

부록
블렌디드 수업 FAQ

Q 초등학교 학생들과 온라인 수업을 하려다 보니 아무래도 전자 기기의 활용 능력이 많이 부족합니다. 저학년 학생들은 물론이고 4학년 학생들도 기기 운영이 쉽지 않은데 이 문제를 어떻게 해결할 수 있을까요?

A 2020년 4월 20일자 한국경제 신문의 사회면에 「접속 어떻게 해요?'…초등 저학년 온라인개학에 부모들 진땀」이라는 제목의 기사가 실렸습니다. 아직은 스마트 기기에 익숙하지 않은 어린 학생들이기 때문에 이런 어려움이 일어나는 건 당연하다고 생각합니다. 처음이기 때문에 서툴 수밖에 없죠. 그런데 생각해 보면 초등학생들이 아니라 70대 어르신들에게 온라인 수업 플랫폼에 접속하라고 해도 비슷한 상황이 벌어지지 않을까요? 40대 주부에게 같은 미션을 주어도 결과는 마찬가지일 겁니다. 해 보지 않았기 때문에 못하는 것입니다.

카페나 식당에 가면 서너 살짜리 아이들이 유튜브 화면을 넘겨 가며 「뽀로로」를 보는 광경을 쉽게 볼 수 있습니다. 숙달만 된다면 네이버 밴드의 라이브 방송이나 카카오의 라이브톡에 접속하여 선생님의 실시간 강의를 보는 것은 초등학교 저학년 학생들도 어렵지 않게 해낼 수 있습니다. 17개 시도 통합 초·중등 온라인 학습 서비스인 e학습터도 마찬가지입니다. 처음에는 어려워했지만 일주일이 채 되지 않아 거의 모든 학생이 해낼 수 있게 되었습니다. 핵심은 하나입니다. 숙달될 때까지 기다려 주는 것입니다. 가정에서 도움을 주는 것이 가장 효과적이겠지만 그렇지 못한 상황이라면 등교 수업을 하는 날에 기기 활용법을 중점적으로 알려 주고 반복해 보는 과정이 반드시 필요합니다.

Q 주변 선생님들이 모두 실시간 쌍방향 수업을 하고 있는데 저도 해야 할까요? 왠지 저만 안 하면 노력하지 않는 것처럼 보여서요. 어떤 교육청에서는 실시간 쌍방향 수업을 '권장'한다고 밝힌 곳도 있다던데요?

A 2020년 7월 15일 연합뉴스 기사 「유은혜 교육 격차 해소 위해 실시간 쌍방향 수업 확대 논의」에 따르면 실시간 쌍방향 수업이 진행되는 학교는 약 12.9%에 불과하다고 합니다. 더불어 유은혜 교육부장관도 2020학년도 2학기에 쌍방향 수업을 늘리는 방안을 교사, 교육청 등과 논의할 계획이라고 밝혔습니다.

교육 현장에서의 쌍방향 수업에 대한 요구가 늘어나고 있는 것은 사실입니다. 하지만 쌍방향 수업을 한다고 해서 모든 것이 해결될 것이라는 생각에는 동의하기 어렵습니다. 실시간 쌍방향 수업이든 콘텐츠 활용 중심 수업이든 과제 수행 중심 수업이든 그 중심에는 학생들의 학습이 있습니다. 학생들이 제대로 학습할 수 있다면 어떤 방식을 사용하느냐는 다음에 결정해도 되는 문제라고 생각합니다. 그 결정권은 교사에게 있고요. 물론 쌍방향 수업을 통해 서로 얼굴을 마주 보고 실시간으로 상호 작용할 수 있다는 점은 온라인 수업의 장점을 극대화시켜 주는 방법이긴 합니다. 하지만 '무조건 쌍방향'이라는 단어와 함께 실시간 쌍방향 수업을 강요하는 분위기는 생기지 않았으면 합니다.

Q 아이들이 교실에 왔을 때는 한 차시에 어느 정도 진도를 나가야 할지 가늠이 되었는데 온라인 수업에서는 학습량을 정하기가 쉽지 않네요. 온라인 수업에서의 수업량은 어떻게 설정하는 게 좋을까요?

A 온라인 수업이라고 해서 일반 오프라인 수업과 다르지 않습니다. 초등학교 학생들이 실제로 출석 수업을 할 때 편성되어 있는 40분이라는 시간에 적합한 수업량에 맞춰 편성해야 합니다. 간혹 온라인 과제를 제시할 때 시간과 에너지가 많이 필요한 과제를 주는 경우가 있는데 이런 건 삼가는 게 좋습니다. 온라인 학습 환경에서 학생들의 몰입도가 떨어지는 경우 제시되는 과제의 양이 너무 많다면 학생들이 부담을 느끼기 쉽습니다. 학습 내용의 수준, 학생들의 수준, 학생들의 학습 부담, 학생들의 여건 등을 고려하여 적정한 수업량을 확보하는 게 중요합니다.

Q 학생들과 줌이라는 플랫폼을 사용하여 실시간 쌍방향 수업을 했는데 아이들이 제대로 보고 있지 않는 것 같은 느낌을 받았어요. 화면으로 얼굴은 보이지만 눈은 저를 안 보고 다른 걸 보고 있는 느낌이었죠. 어떻게 하면 학생들이 온라인 수업에 올바른 태도로 참여하게 만들 수 있을까요?

A 일반적으로 온라인 수업을 실천하는 초반부에는 전자 기기의 작동 및 활용이 걸림돌로 작용합니다. 애플리케이션을 설치하는 것에서부터 시작해 기본적인 작동법을 설명하고, 이걸 익숙하게 사용하는 데까지는 적지 않은 시간이 걸립니다. 하지만 진짜 문제는 그 다음부터 시작됩니다. 플랫폼 사용에 익숙해진 아이들이 집중하지 않기 시작합니다. 어떻게 하는지 대략적인 방법을 알고 있기에 일종의 꼼수를 부리는 것입니다.

교실 수업에서 집중하지 않고 딴 짓을 하다가 선생님이 나를 보고 있는 것 같다는 느낌이 들면 귀신처럼 공부하는 척하는 아이들이 온라인 수업 속에서도 나타날 수밖에 없습니다. 교실에서라면 가까이 다가가 눈빛 레이저라도 쏘겠지만 온라인 수업에서는 그것도 힘듭니다.

그래서 온라인 수업의 에티켓을 정하는 과정이 필요합니다. 온라인 수업을 시작하기 전에 학생들과 함께 온라인 수업의 에티켓을 정하고 매 시간 수업을 시작할 때마다 에티켓을 되새겨 보는 것입니다. 온라인 수업 에티켓은 우리가 교실에서 사용하던 학급 규칙 같은 것들을 변형해서 사용하면 됩니다.

Q 콘텐츠 활용 중심 수업을 하고 있습니다. 저는 파워포인트 슬라이드를 만든 뒤에 목소리 녹음을 하고 있는데요. 생각했던 것보다 시간이 많이 걸리는데 조금 더 효율적으로 콘텐츠를 만들 수 있는 방법이 있을까요?

A 콘텐츠 활용 중심 수업으로 온라인 학습을 준비하는 선생님이라면 모두 다 한 번쯤은 해 봤을 고민입니다. 수업 내용과 관련 있는 사진을 찾고, 학습 내용을 타이핑하고, 이걸 다시 보기 좋게 정선하는 데만도 적지 않은 에너지가 필요합니다. 그런데 여기에 설명까지 덧붙여 녹화하는 것은 쉬운 일이 아니죠. 매일 4~6시간 분량의 학습 자료를 만들다가 퇴근 시간을 훌쩍 넘겨 버린 선생님들의 이야기가 심심치 않게 들립니다.

콘텐츠 활용 중심 수업의 핵심은 지속 가능성입니다. 너무 많은 시간과 에너지를 사용해서 콘텐츠를 만들고 있다면 방향성을 다시 한 번 생각해 볼 필요가 있습니다. 교육 과정 성취 기준에서 핵심 개념을 설명하는 데 꼭 이 자료가 필요한 것인지, 교과서에 있는 내용만으로 성취 기준을 달성하는 것은 정말 어려운지 등을 고민해 보면 좋겠습니다.

아무리 혼을 갈아 넣어도 EBS보다 좋은 콘텐츠를 만들기는 쉽지 않습니다. 그렇기 때문에 '양질의 콘텐츠'라는 부담감에서 벗어나면 좋겠습니다. 그냥 교과서 놓고 볼펜으로 필기해 가면서 찍은 영상도 나름대로 훌륭한 콘텐츠입니다. 아이들이 있다고 생각하고 칠판 앞에서 혼자 판서하는 영상도 세상에 하나밖에 없는 콘텐츠입니다. 온라인 수업이 임시방편이 아니라 일반적인 수업이라고 생각하고 지속할 수 있는 방향을 고민해 볼 필요가 있습니다. 그 속에 대체 불가능한 좋은 콘텐츠를 만들어 낼 수 있는 비결이 숨어 있다고 생각합니다.

Q 작은 학교에서 혼자 수업 자료를 제작하다 보니 너무 지칩니다. 교사가 지치지 않으면서 블렌디드 수업을 할 수 있는 방법이 있을까요?

A 혼자서 다 하려고 하면 지칠 수밖에 없습니다. 학교 바깥으로 시선을 돌려 볼 필요가 있습니다. 학생들이 온라인 수업하는 것처럼 교사도 온라인으로 도움을 주고받는 겁니다. 요즘에는 교사 커뮤니티가 잘 활성화되어 있으니 학년별로 만들어진 밴드나 PBL 수업을 함께 구성하는 오픈 채팅도 도움이 됩니다. 교사가 자료를 1부터 10까지 다 만들어야 한다는 고정관념에서 벗어나 함께 만들어서 각 반의 실정에 맞게 변형하여 사용하면 됩니다.

Q 저희 반에는 줌으로 실시간 쌍방향 수업하는 내내 부모님과 함께 듣는 학생이 있습니다. 그래서 매일 공개수업을 하는 것 같아 불안하고, 제 수업에 대한 민원이 들어오지 않을까 걱정입니다. 방법이 있을까요?

A 2021년 2월 5일 조선일보 기사 「화상수업시대, 엄마가 지켜본 다…선생님들 '줌맘' 스트레스」에 따르면 코로나로 2년째 화상 수업이 이어지며 교사들이 '줌맘' 스트레스를 호소하고 있다고 합니다. 그래서 '왜 부모님께서 아이 옆에 있을까?'라는 걸 곰곰이 생각해 봤습니다.

사실 학부모님들이 원하는 건 교사들과 다르지 않습니다. 학생들이 잘 되길 바라는 마음에서 수업할 때 옆에 있는 것입니다. 그러니 학부모님이 '감시'하는 게 아니라 '조력'해 주는 거라고 생각을 바꾸는 편이 좋습니다. 학부모님이 함께 수업을 듣는다면 다음 방법을 제안해 보세요.

먼저 학생들과 수업 규칙을 만들 때, '부모님이 옆에 계시지 않아도 우리는 수업을 잘 받는다.'라는 항목을 규칙으로 만듭니다. 그리고 이렇게 만들어진 규칙을 학부모님들에게도 안내합니다. 그런데 학생들의 힘으로 해결하기 어려운 상황이 생길 수 있습니다. 이때는 학부모님들에게 도움을 요청합니다. 다시 말해 수시로 수업을 함께하는 게 아니라 학생들이 필요할 때에만 도움을 주는 것으로 바꾸는 것이죠. 이렇게 하면 학생들도 자기 주도적으로 배워 갈 수 있는 기회를 갖게 됩니다.

Q 학생 수가 30명대 중·후반인 과밀학급을 맡고 있습니다. 학생 수가 너무 많아서 블렌디드 수업을 운영하는 데 어려움이 있는데 조금 더 수월하게 할 수 있는 방법이 있을까요?

A 학생 수가 많으면 교사가 무엇을 시도하든 매우 어렵습니다. 같은 시간에 많은 학생이 발언을 해야 하니 각자에게 돌아가는 기회도 줄어들고, 교사가 학생 개개인에게 신경을 쓰는 것도 쉽지 않습니다. 학생 수가 많은 경우에는 소집단 활동을 보다 적극적으로 하는 걸 추천합니다. 다양한 특성을 지닌 학생을 고루 분포시켜 소집단을 만들고, 학생들이 모둠별로 토의하게 합니다. 그리고 나서 그 내용을 모둠별 발표자가 발표하게 합니다. 또 전체로 하는 조례나 종례를 두 팀으로 나누어 시간차로 하는 것도 방법이 될 수 있습니다.

Q 음악이나 체육 같은 교과는 어떻게 블렌디드 수업으로 진행할 수 있을까요?

A 학생들은 유튜브나 틱톡이 익숙해서 자신을 드러내는 데 거부감을 크게 느끼지 않습니다. 학교에 왔을 때는 기본적인 기능을 숙지하고, 가정에서 자신이 연습한 기능을 영상으로 올리는 것으로 하면 효율적입니다. 2부 합창이나 합주 같은 경우는 함께 시간을 맞추기가 어렵기 때문에 교사가 미리 주선율을 연주해 놓고 나중에 틱톡

이나 플립그리드와 같은 플랫폼을 사용해서 학생들과 함께 녹화하면 됩니다.

체육은 학생이 혼자 집에서 할 경우 안전사고가 일어날 수 있기 때문에 쌍방향 학습 툴을 이용하여 함께 진행하는 게 좋습니다. 체육 영역에 따라 도전이나 경쟁 활동 같은 경우는 학교에서 친구들과 하고, 건강 영역이나 표현 영역은 온라인으로 하면 효율적입니다.

들어가며

Toffler, A. (2001). 위기를 넘어서: 21세기 한국의 비전. 정보통신정책연구원 연구보고서.

Part 1 블렌디드 수업 기초 다지기

교육부. (2018). 초등학교 국어 4-1 교사용지도서.

권회림, 문은경, 박인우. (2015). 국내 블렌디드 러닝의 효과에 관한 메타분석. 교육정보미디어연구, 21(3).

마이클 혼, 헤더 스테이커. (2017). 블렌디드. 에듀니티.

양연숙, 유평준. (2003). 적응적 웹 학습 자료가 초등학생의 자기 주도적 학습 능력 및 학습 만족도에 미치는 영향. 초등교육연구, 16(2).

최정윤. (2016). 초·중등교육에서 블렌디드 러닝의 학습효과에 대한 메타분석. 한국교원대학교 석사학위논문.

홍효정. (2016). 블렌디드 러닝을 위한 대학 교수자의 역량 도출 및 진단도구 개발. 숙명여자대학교 교육학과 박사학위논문.

ACCELEROLE. (2018). 5 easy steps on how to implement blended learning in your company. https://accelerole.com/5-easy-steps-implement-blended-learning (2021년 2월 8일 접속)

Craig Lambert. (2012). Twilight of the Lecture. Harvard Magazine. https://harvardmagazine.com/2012/03/twilight-of-the-lecture (2021년 1월 18일 접속)

Driscoll, M. (2002). Blended learning: Let's get beyond the hype. E-Learning, 1(4).

Ruth Boelens, Michiel Voet, Bram De Wever. (2018). The design of blended learning in response to student diversity in higher education: Instructors' views and use of differentiated instruction in blended learning. Computers & Education, 120.

Part 3 블렌디드 수업 도구 마스터하기

서진욱. (2020). 유튜브 사용자·시청시간 더 늘었다. 머니투데이. https://news.mt.co.kr/mtview.php?no=2020010708523928152 (2021년 2월 8일 접속)

Part 4 블렌디드 수업 고민 해결하기

계보경 외. (2020). COVID-19에 따른 초·중등학교 원격교육 경험 및 인식 분석. 한국교육학술정보원.

교육부. (2020). 경제개발협력기구(OECD) 교육지표.

교육부 교육과정정책과. (2016). 『2015 개정 교육과정』 질의·응답 자료.

이성우. (2014). 생활지도, 왜곡된 개념을 바로잡아야. 뉴스풀. http://www.newspoole.kr/news/articleView.html?idxno=622 (2021년 2월 8일 접속)

정승호. (2020). 전남지역 교사들 "코로나로 학생 생활지도 어렵다.". 동아닷컴. https://www.donga.com/news/Society/article/all/20200625/101694742/1 (2021년 2월 8일 접속)